Devocionário ardente ao Divino Espírito Santo

Dados Internacionais de Catalogação na Publicação (CIP)
(Câmara Brasileira do Livro, SP, Brasil)

Devocionário ardente ao Divino Espírito Santo :
oração, hinos e poemas de todos os tempos /
tradução e compilação, Diác. Fernando José
Bondan. – Petrópolis, RJ : Vozes, 2018.

Bibliografia
ISBN 978-85-326-5712-1

1. Devoções diárias 2. Espírito Santo 3. Livros
de oração e devoção 4. Orações I. Bondan, Fernando
José.

18-12390   CDD-242.7

Índices para catálogo sistemático:

1. Espírito Santo : Devoções diárias : Cristianismo
242.7

Devocionário ardente ao Divino Espírito Santo

Orações, hinos e poemas de todos os tempos

Tradução e compilação
Diác. Fernando José Bondan

Petrópolis

© 2018, Editora Vozes Ltda.
Rua Frei Luís, 100
25689-900 Petrópolis, RJ
www.vozes.com.br
Brasil

Todos os direitos reservados. Nenhuma parte desta obra poderá ser reproduzida ou transmitida por qualquer forma e/ou quaisquer meios (eletrônico ou mecânico, incluindo fotocópia e gravação) ou arquivada em qualquer sistema ou banco de dados sem permissão escrita da editora.

As orações "E teu Espírito vem ao nosso interior", da autoria do Irmão Roger (p. 27), e "Espírito que pairas sobre as águas...", da autoria do Irmão Pierre-Yves (p. 66s.), foram gentilmente cedidas para esta publicação pela Comunidade de Taizé, na França.

CONSELHO EDITORIAL

Diretor
Gilberto Gonçalves Garcia

Editores
Aline dos Santos Carneiro
Edrian Josué Pasini
Marilac Loraine Oleniki
Welder Lancieri Marchini

Conselheiros
Francisco Morás
Ludovico Garmus
Teobaldo Heidemann
Volney J. Berkenbrock

Secretário executivo
João Batista Kreuch

Editoração: Leonardo A.R.T. dos Santos
Diagramação: Sheilandre Desenv. Gráfico
Revisão gráfica: Nilton Braz da Rocha / Nivaldo S. Menezes
Capa: WM design
Ilustração de capa: ©Nancy Bauer | Shutterstock

ISBN 978-85-326-5712-1

Editado conforme o novo acordo ortográfico.

Este livro foi composto e impresso pela Editora Vozes Ltda.

Sumário

Apresentação, 7

Algumas palavras..., 9

Como nos apossamos hoje do acontecimento pascal?, 11

Siglas utilizadas no livro, 15

1 A Virgem, sacrário do Espírito, 17

2 Antífonas, responsos e monições, 21

3 Atendei a nossa oração, 22

4 Ato de contrição, 28

5 Celebramos a tua vinda santa, 35

6 Creio, Senhor!, 44

7 Consagração e oferta, 48

8 Eu te adoro Jesus hóstia!, 54

9 Eu vos amo, Amor!, 56

10 Igreja e missão, 60

11 Invocação para reuniões importantes, 69

12 Louvor a ti!, 71

13 O divino Hóspede, 84
14 Oração da manhã, 96
15 Os puros de coração, 99
16 Que descansem dos seus trabalhos, 101
17 Renova-me!, 102
18 Revela-me tua Palavra, 104
19 Sede santos, 111
20 Súplica pelos dons, frutos e carismas, 112
21 Ladainha completa ao Espírito Santo, 129
22 Ofício breve ao Espírito Santo, 136
23 Ofício da oitava de Pentecostes, 146
24 Septena pedindo os sete dons do Espírito Santo, 166
25 Novena ao Divino Espírito Santo, 173

Oração final, 191

Índice, 195

Apresentação

Atendendo ao convite do Diácono Fernando Bondan, apresento esta publicação de real interesse com diferentes orações dedicadas ao Divino Espírito Santo. E, para fazê-lo, invoco a inspiração do mesmo Espírito Santo. Esta obra é oferecida a todos os fiéis que cultivam sua espiritualidade, sob a luz e ação do Espírito Santo de Deus.

Já São João Crisóstomo, bispo e doutor da Igreja (348-407), em suas pregações, chama o Pentecostes como o promulgador do nascimento da Igreja de Jesus Cristo para o mundo, a eterna memória do Espírito Santo, dia em que foi dado a todos o Espírito Santo, com a plenitude necessária para subjugar o mal do universo.

Ao falar sobre o Espírito Santo, São João Evangelista se expressa assim: "Quando ele vier, o Espírito da verdade, vos guiará em toda a verdade" (Jo 16,13). E, desde então, a Igreja invoca com fervor o Espírito Santo, para que acenda em todos os corações o fogo do seu amor, a fim de que, com discernimento, possa tomar suas decisões, segundo os desígnios amorosos de Deus, uno e trino.

O *Devocionário ardente ao Divino Espírito Santo*, o primeiro no gênero, visa a tornar conhecidos os diferentes modos com os quais, no decorrer da história cristã, a Igreja tem invocado o Divino Espírito Santo, o qual despertou a mesma Igreja para um novo tempo, a partir do Concílio Vaticano II e as posteriores determinações do Catecismo da Igreja Católica.

No seu conjunto, esta obra quer ser um *marketing* para todos os que têm a possibilidade de, ao tomá-la em suas mãos, elevar sua alma a Deus, sob a assistência do Divino Espírito Santo. Além disso, com certeza, terão consigo uma boa proposta de formação espiritual, humana e cristã.

Por fim, lembro que a presente obra pode ser também um excelente auxílio para dirimir sombras e dúvidas que eventualmente podem estar enfraquecendo a fé cristã e a vida de discípulo missionário de Jesus Cristo.

Que a luz do Divino Espírito Santo esteja convosco!

Monsenhor Américo Cemin
Catedral Basílica São Luiz Gonzaga
Diocese de Novo Hamburgo, RS

Algumas palavras...

Alegra-me muito o coração poder publicar este livro dedicado ao Divino Espírito Santo.

Este devocionário exigiu muita pesquisa e dedicação; mas, quando lembrava dos fiéis, dos filhos de Deus espalhados por este Brasil que poderiam utilizá-lo para aumentar a sua fé no Espírito Santo, sabia que valeria a pena.

Sabemos que não somos dignos, mas o Espírito sopra onde e quando quer. Ele é soberano e livre para chamar a quem quiser.

Há alguns anos meu amor pelo Espírito Santo vem crescendo cada vez mais. Eu o sinto como companheiro, amigo, luz e calor. E qual não foi minha surpresa quando percebi que não falava com Ele?

Eis o motivo profundo deste trabalho: Você quer falar com o Espírito Santo e não sabe como? Eis algumas dicas: orações, poemas e hinos de que necessita para conhecer o caminho.

Essas orações foram escritas, sim, mas vieram de corações ardentes por Deus. São cristãos de várias confissões que, com sua experiência pessoal, nos transmitem essa sabedoria. Eles *tiveram as primícias do Espírito* (Rm 8,23). Muitas dessas orações só foram descobertas ou reveladas após a morte de quem as escreveu. A inspiração de algumas percorreu os séculos e continua despertando corações para Deus.

A verdade é que, em última instância, é sempre *o Espírito que vem em auxílio da nossa fraqueza; porque não sabemos o que devemos pedir, nem orar como convém* (Rm 8,26).

Foi assim que eles rezaram...

Deixaram suas pegadas...

Façamos o mesmo.

Diácono Fernando José Bondan
6 de março de 2017

Como nos apossamos hoje do acontecimento pascal?

Como nos apossamos hoje do acontecimento pascal, tendo ocorrido uma vez para sempre? Mediante a obra daquele que é seu artífice desde o princípio e na plenitude dos tempos: o Espírito Santo.

Ele é pessoalmente a novidade que opera no mundo.

Ele é a presença do Deus conosco, unido ao nosso espírito (Rm 8,16).

Sem Ele, Deus está distante;

Cristo, no passado;

o Evangelho é letra morta;

a Igreja, uma simples organização;

a autoridade, uma dominação;

a missão é propaganda;

o culto, uma recordação,

e o agir cristão, uma moral de escravo...

Mas nele, Cristo ressuscitado está aqui;

o Evangelho é potência de vida;

a Igreja significa comunhão trinitária;
a autoridade é um serviço libertador;
a missão é um pentecostes;
a liturgia é memorial e antecipação,
o agir humano é deificado...
Ele é Senhor e Doador da vida.

Metropolita ortodoxo Ignácio Hazim de Lattaquié
Upsala, Suécia, 1968

No princípio,
Deus criou os céus e a terra.
A terra estava informe e vazia;
as trevas cobriam o abismo
e o Espírito de Deus pairava sobre as águas.
Gn 1,1s.

Siglas utilizadas no livro

Ap – Apocalipse
At – Atos dos Apóstolos
Cl – Colossenses
1Cor – Primeira Coríntios
Ct – Cântico dos Cânticos
Dt – Deuteronômio
Eclo – Eclesiástico
Fl – Filipenses
Gn – Gênesis
Is – Isaías
Jó – Jó
Jo – João
1Jo – Primeira João
Jr – Jeremias
L. – Leitor
Lc – Lucas
Lm – Lamentações
Lv – Levítico
Mc – Marcos
Mt – Mateus

Os – Oseias
P. – Presidente
R. – Responso/Resposta
1Rs – Primeiro Reis
Rm – Romanos
Sb – Sabedoria
Sl – Salmos
T. – Todos
Tg – Tiago
V. – Verso/versículo

1
A Virgem, sacrário do Espírito

Enviaste o Filho de Deus ao mundo para evangelizar os pobres!

Ó Espírito soberano e santíssimo amante! Quem saberá dizer o menor de teus amores?

Tu és caridade do Pai e do Filho e laço, porque, embora sejam duas pessoas com um mesmo amor e vontade, eles te dão seu ser. Tu abrasas o coração deles para as coisas que dizem respeito a nós.

Tu, pela boca de todos os profetas e por inúmeras imagens, não cessaste de anunciar e prometer e esboçar a vinda do Filho de Deus, para que assim, muitos anos antes, despertasse a fé de tão altos mistérios e incendiasses mais os afetos dos santos, a fim de que multiplicassem sacrifícios e orações a tuas promessas.

Tu, Espírito amante retíssimo, enviaste o Filho de Deus ao mundo para evangelizar os pobres das coisas temporais, mas ricos de ti mesmo, e para anunciar o ano favorável em que o mundo haveria de encontrar em ti extremado amor.

Tu vieste sobre a Virgem, sacrário e recinto de teu amor, onde vestiste ao Filho de Deus de tão magna veste de eficaz caridade, que só aquele amor que ali lhe infundiste bastou para nos redimir, conforme afirma o profeta. Tu, com a plenitude de teus dons, *repousaste sobre Ele, e o ungiste com o óleo da alegria sobre todos os seus irmãos*; e o levaste ao desterro, apresentando-o ao tentador, para que, vencendo-o, fôssemos todos vencedores, depois de ter vindo sobre Ele em forma de pomba, em cujo coração nos geraste, e nele por nós gemias até ver-nos perfeitos na tua caridade. Amém.

Frei Francisco de Osuna

Comunhão espiritual

Vós que preparastes a vossa amadíssima esposa, minha dulcíssima Mãe, a santíssima Virgem Maria, para que bem acolhesse ao Verbo divino ao humanar-se em seu ventre, dignai-vos preparar também a mim. Preparai-me também, eu vos peço, o coração, para que com o devido afeto saiba receber e agradar ao próprio Deus-homem sacramentado.

Santo Afonso Maria de Ligório

Eu me dirijo a Vós, ó manancial de vida!

Oh, Filho de Deus!

Eu vos amo e vos adoro em vosso amor e aniquilamento, e em vossa poderosa transformação (a encarnação).

De Vós, eu venho ao Santo Espírito, que procede de Vós, como Vós procedeis do Pai; porque nesse caminho de vida e amor, eu vou seguindo a ordem das processões divinas e as fontes de vida, e depois do Filho eu me dirijo a

Vós, ó manancial de vida, ó Santo Espírito, Espírito de verdade, de vida e de amor, e adoro-vos em Vós mesmo, porque sois Deus na unidade que possuis com o Pai e o Filho.

Eu vos adoro em vossa emanação porque procedeis deles, e sois seu Espírito, seu Vínculo, seu Amor; e eu vos adoro ainda na formidável operação que realizais no tempo preparada pela sabedoria eterna, porque é a mais alta e a mais santa operação que pode ser finalizada fora de Vós mesmo; ela envolve a mais digna pessoa depois das pessoas divinas, a Virgem.

Operação que a humilha e a eleva: humilha-a até o centro de seu nada, obtendo dela essas palavras sagradas: "Eis a serva do Senhor", e eleva-a a tão alta dignidade que nunca mais será transmitida nem a ela, nem a outra, constituindo-a "Mãe de Deus".

Operação que prepara e une nossa natureza à divindade, e a pessoa da Virgem à pessoa do Verbo; operação que realiza a Encarnação do Verbo e a deificação da natureza humana, a qual, permanecendo humana mesmo nesse estado de união divina, recebe a graça incriada e infinita, num ser criado, finito e semelhante ao nosso. Assim seja.

Cardeal Pedro de Bérulle

Virgem, Mãe dos discípulos de Cristo

Ó Virgem santa, Esposa muito amada do Espírito Santo, suplica-lhe que venha em nós e faça de nós verdadeiros discípulos do vosso Filho divino. Ó santos apóstolos, rogai-lhe para que se comunique a nós. São José, patrono da Igreja universal, intercedei por nós! Gloriosos São Joaquim, bondosa Santa Ana, Santo Agostinho, São Leão, Santo Afonso, todos os anjos e todos os santos, rogai por nós, até que nos reunamos convosco no céu. Assim seja.

Anônimo

2
Antífonas, responsos e monições

R. Que o Espírito Santo venha sobre ti, e que o poder do Altíssimo te cubra com a sua sombra.

Liturgia galicana

A. Vinde, Espírito Santo, enchei o coração dos vossos fiéis e acendei neles o fogo do vosso amor.

Liturgia galicana

R. Que a graça do Espírito Santo ilumine o teu coração e os teus lábios, e que o Senhor aceite esse sacrifício de tuas mãos pela salvação de todos.

Liturgia galicana

Jaculatória ao Espírito Santo
Ó Espírito Santo, doce Hóspede de minha alma, ficai comigo e fazei que eu fique sempre convosco. Amém.

Por uma serva do Espírito Santo

3
Atendei a nossa oração

Perseveremos vigilantes na oração!

Peçamos ao Senhor, peçamos ao Espírito Santo, para que se digne afastar de nós toda névoa e toda treva que, pela realidade dos nossos pecados, obscurecem a visão do coração; e que nos conceda uma compreensão espiritual e admirável da sua Lei, segundo a palavra daquele que escreveu: "Tira-me o véu dos olhos e contemplarei as maravilhas da tua lei". Meditemos todas essas coisas e as relembremos dia e noite: perseveremos, sempre vigilantes, na oração!

Orígenes

Fazei-me dócil às vossas inspirações

Autor da santificação de nossas almas, Espírito de amor e de verdade, eu vos adoro como princípio de minha felicidade eterna. Eu vos dou graças, soberano dispensador dos bens que eu recebi do céu; e vos invoco como fonte das luzes e da força que me são necessárias para conhecer o bem, e para o praticar.

Ilustrai, pois, meu entendimento, Espírito de luz e de força. Fortificai minha vontade; purificai meu coração; regulai todos os seus movimentos, e fazei-me dócil a todas as vossas inspirações.

Perdoai-me, Espírito de graças e de misericórdias. Perdoai-me as minhas contínuas infidelidades e a indigna cegueira, com que eu tantas vezes tenho repelido os mais doces e os mais tocantes impulsos de vossa graça.

Eu quero finalmente, com o auxílio dessa mesma graça, deixar de lhe ser rebelde. Quero, daqui por diante, seguir todos os seus movimentos com tanta docilidade, que possa degustar os frutos, e gozar dos doces efeitos que vossos dons sagrados costumam produzir nas almas. Amém.

Anônimo

Súplica do religioso para rezar devotamente

Ó Doutor sapientíssimo entre os doutores, ó grande Mestre de todos os médicos: Espírito Santo Consolador. Vós podeis, com uma só palavra e num só momento, ensinar os ignorantes e curar perfeitamente todas as enfermidades do corpo e da alma. Assisti-me, eu vos suplico, propício em todo tempo e lugar, infundindo com vossa clemência em meu coração a graça da devoção, quando eu orar, meditar, cantar e ler; para que eu possa cumprir de forma atenta e devota com minha oração e meus votos: porque é certo que, sem Vós, todas as orações são vãs e indignas dos ouvidos de Deus, e sem o vosso auxílio não tenho forças para fazer algo virtuoso. Amém.

Atribuído a Tomás de Kempis

Incendiai, inflamai, penetrai, consumi...

Oh, amor! Amor que abrasais os corações dos serafins, por que não fazeis o mesmo com os corações de todos os homens?! Sim, ó meu Deus, Vós vos humanastes por nós e não pelos serafins; eles são vossos servos e nós, vossos irmãos. Por que, pois, ateais tão alta a chama do vosso amor em seus corações e tão pequena nos nossos? Oh, fogo de amor que incessantemente ardeis e jamais vos extinguis, incendiai, inflamai, penetrai, consumi os nossos corações e fazei que neles reine unicamente Jesus Cristo! Amém.

Santo Antônio Maria Claret

Quando será?

Ó Amor, ó dom do Altíssimo, centro das doçuras e da felicidade do mesmo Deus; quão atrativo para uma alma é se ver no abismo de vossa bondade e repleta de vossas inefáveis consolações! Ah, prazeres enganadores! Como haveis de vos comparar à menor das doçuras que Deus, quando quer, sabe derramar sobre uma alma fiel? Oh! Se só uma partícula delas é tão saborosa, quanto mais será quando Vós as derramardes como uma torrente sem medida e sem reserva? Quando será isso, meu Deus, quando será?

Santo Antônio Maria Claret

Não me abandones...

Ó Espírito Santo,
não me abandones.
Quando Tu te afastas,
maus pensamentos
se aproximam de mim,
e minha alma, tomada de lágrimas,
anseia por ti.

São Silouan o Atonita

Não nos abandones...

Espírito Santo,
não nos abandones.
Quando Tu estás conosco,
a alma percebe a tua presença
e encontra em Deus sua felicidade,
porque Tu nos abrasas de amor por Deus.

São Silouan o Atonita

Que te darei em troca?

Espírito Santo, grande Rei!
Que te darei em troca,
eu que não sou mais do que barro e pecado?
Tu me revelaste um mistério insondável.
Deste-me a conhecer o Senhor, meu Criador.
Fizeste-me saber com que imenso amor Ele nos ama.

São Silouan o Atonita

Abrasai as nossas vontades...

Ó Divino Espírito, que sois amor imenso do eterno Pai e do eterno Filho, princípio e fim de toda a caridade nas criaturas: abrasai as nossas vontades nos suavíssimos incêndios do vosso mesmo amor divino, para que a vossa vontade santíssima seja sempre feita na terra, como os anjos e os santos perpetuamente a realizam no céu. Amém.

Anônimo

Conforme a vontade de Deus!

Ó intensa luz do meu Deus,
vem em meu auxílio:
Ensina-me a falar,
ajuda-me a silenciar,
guia-me no caminhar,
segura-me para ficar perto de ti,
para que cada palavra dita ou tácita,
cada passo dado ou recusado,
tudo seja conforme a perfeita vontade de Deus.
Que todos os teus
cálidos raios, ó luz divina,
me deem o equilíbrio dos santos. Amém.

Movimento carismático de Assis

E teu Espírito vem ao nosso interior...

Espírito do Cristo ressuscitado, Santo Espírito,

Se soubéssemos o que devemos te pedir para rezar como convém... Mas eis que as balbúcias de nossa oração passam pelo crisol de nossa pobreza, de nossa pequena fé.

Então Tu, ó Deus vivo, entras em nossa alma de pobre, entras em nossa fraqueza e lês em nossos corações as intenções autênticas.

E teu Espírito vem a nosso interior, e vem exprimir o inexprimível através de humildes palavras, de suspiros e silêncios.

E Tu nos dizes: "Nada te preocupe, não te inquietes com tua pequena capacidade de rezar. Em tua expectativa orante, entende isso: Eu deixei abertos os caminhos".

Assim, Tu nos dás a compreender que chamas a cada um pelo nome, que Tu provocas jorros interiores, que depositaste em cada um de nós um dom único, insubstituível.

Nossos olhos se abrem e, na pobre oração, entendemos que o homem só se realiza na presença de Deus.

Irmão Roger, Taizé

4
Ato de contrição

Ato de contrição à noite

Senhor, Rei dos céus, Consolador, Espírito da Verdade, tem compaixão e piedade de mim, teu servo pecador, e apesar da minha indignidade, absolve-me e perdoa-me por todos os pecados que hoje cometi como homem, ou não só como homem, mas até pior do que uma besta voluntária ou involuntariamente, de forma consciente ou por negligência, por juventude ou má educação, ou as que procedem da insolência ou do desânimo.

Se jurei pelo teu nome ou blasfemei em pensamentos;
se repreendi ou caluniei alguém levado pelo furor;
se o magoei por qualquer razão;
se desprezei o pobre que vinha a mim, se entristeci o meu irmão;
se busquei rixa com alguém ou o tenho julgado;
se me envaideci, ensoberbeci;
se, enquanto estava em oração, meu pensamento se distraiu nas iniquidades desse mundo;
se pensei em libertinagens, se comi ou bebi demais;
se me diverti futilmente ou ri de forma escandalosa;

se cultivei a presunção, a gula, o orgulho;
se vendo alguma beleza vã, nela me deleitei;
se disse coisas impróprias;
se vi os defeitos de meu irmão sem observar os meus;
se fui negligente na oração;
se cometi algum outro pecado do qual não me recorde.

Tem piedade de mim, meu criador e mestre, de mim, teu servo indigno e preguiçoso. Concede-me perdão e remissão, em tua bondade e em teu amor pelos homens; para que eu me deite em paz, encontrando sono e repouso, eu o depravado, o miserável pecador, e que eu possa adorar, cantar e glorificar teu santo nome, com o Pai e seu Filho único, agora e sempre e pelos séculos. Amém.

Santo Efrém, diácono e doutor da Igreja

Pequei contra o céu e contra ti

Espírito de Deus, verdadeiro Deus,
Tu que desceste no Jordão e no Cenáculo
e que me iluminaste pelo Batismo na fonte sagrada,
eu pequei contra o céu e contra ti;
purifica-me de novo com teu fogo divino,
como fizeste aos apóstolos
pelas línguas de fogo.

Nerses IV

Liberta-nos da tentação

Concedei-nos, ó Deus onipotente, que mereçamos com as nossas persistentes orações a graça de receber o Espírito Santo, para que, auxiliados por Ele, nos libertemos de toda tentação e alcancemos o perdão dos pecados. Por nosso Senhor Jesus Cristo, vosso Filho, na unidade do Espírito Santo. Amém.

Dispensador generoso das graças

Dispensador generoso das graças
mais abundantes e mais inacessíveis,
Espírito Santo, Espírito da verdade,
Espírito que jorra do Pai, Espírito consolador,
verdadeiro Deus, criador de tudo com o Pai e o Filho;
Tu que, na tua divina misericórdia, abarcas tudo;
Tu que, pela vontade do Senhor,
dispensas os copiosos dons de sua graça,
e isso acima do que merece a fé de cada um;
Tu que, pela misericórdia de teu amor
e pelos benefícios de todo tipo,
enriqueces tua Igreja através dos apóstolos,
dos profetas, dos doutores da fé
e de todas as outras faculdades enriquecidas
com os teus divinos dons;
Tu que, por amor aos homens,
tens infundido a remissão dos pecados;
Tu que tens permitido à nossa natureza pecadora
emendar-se e tens-lhe dado a força
para ressuscitar de nossos mortíferos pecados;
na doçura de tua misericórdia, olha-me também
a mim que sou teu servo pecador

e dá-me um coração humilhado e um espírito contrito;
fortalece a minha alma fraca,
aparta de teu servidor as sombras do desespero
e por tua imensa misericórdia, Deus de bondade,
perdoa a dureza de meus pecados
que me assaltam constantemente
e me angustiam sem piedade;
lava a baixeza de minhas obras injustas;
Tu que és tão santo e príncipe da santidade,
ergue-me dos descaminhos do pecado,
repele suas trevas e cura-me
das chagas mortíferas que ele me causa,
afasta de mim as ilusões do maligno
bem como seus ardis e todos os seus sortilégios,
ignora e esquece o meu orgulho insensato.
Pecando gravemente, provoquei
a ira de tua vontade indulgente
e não ouso mais me apresentar a ti,
para oferecer-te minhas súplicas
porque temo que, lembrando-me de todas as minhas ações,
eu, que sou indigno e impuro,
provoque novamente a tua santíssima vontade;
contudo, o receio
de te ser repugnante – que eu sou –
e o temor de qualquer punição, e principalmente,
tua incompreensível compaixão,
e teu amor confiante e sem limites
levam-me a me apresentar diante de ti.

João o Diácono "Imastaser"

Guardai-me, Senhor...

Guardai-me, Senhor, como a pupila dos vossos olhos:

Guardai-me do pecado grave que me causa grande temor; da aversão ao vosso amor, que poderia me fazer pecar contra vosso Espírito Santo, Ele que é amor e vínculo, unidade, paz e concórdia.

Que eu não rompa a unidade de espírito com Ele, a unidade de paz convosco: isso seria cometer o pecado sem-perdão aqui na terra, bem como no mundo vindouro.

Guardai-me, Senhor, entre meus irmãos e os que me são chegados, para que eu possa possuir com eles as palavras de paz a respeito de Vós; guardai-me entre aqueles que mantém a unidade do espírito no vínculo da paz.

Baudouin de Ford

Ação de graças após a confissão

Espírito Santo, que animaste a Jesus Cristo, penitente por nossos pecados, que estimulas continuamente aos pecadores para que se convertam, e manténs os justos e santos no amor à penitência, graças te dou pela bondade que tiveste ao devolver ao meu coração a pureza interior, que constitui todos os deleites e que é o objeto de tuas divinas complacências, e por tê-lo libertado hoje do pecado, depois de expulsar-te dele com minha perversidade, de forma tão ofensiva, e de entristecer-te em mim, muitíssimas vezes, com minhas desordens.

Cabe a ti destruir tudo o que o demônio tem colocado em meu coração, e todas as inclinações da natureza corrompida. E, visto que me extraviei do bom caminho, deixando-me guiar pelo meu próprio espírito, abandono-me e entrego-me à tua direção, para manter-me na graça e para que me conduzas a fazer a justa penitência que meus pecados mereceram.

Não me abandones, e te peço ainda que permitas que, a partir deste momento, estabeleça contigo este pacto: que nunca mais retirar-te-ás de mim; pois, enquanto estás comigo, não temo os ímpetos de minhas paixões, nem os ataques da tentação, nem a tirania do pecado, nem a escravidão do demônio; e tenho a certeza de gozar sempre de autêntica paz e tranquilidade de coração. Amém.

São João Batista de la Salle

Eu vos peço dessa água...

Falai, Santo Espírito, para nascer uma fonte em meu coração,
cuja água pura e salutar salve o maior dos pecadores;
cure o mais incurável, abrindo-lhe os olhos,
e perdoe ao mais culpável jorrando aos céus.
Mais do que a Madalena, o Lázaro no túmulo
e a Samaritana, eu vos peço dessa água.
Eu quero beber, eu vos peço, eu conheço o dom precioso;
este favor é grande, mas Vós sereis exaltado.
Amparai minha fraqueza, sou uma cana agitada.
Detende minha instabilidade, eu mudo mais do que o vento.
Desfazei minha ignorância, eu sou cego de nascença. Amém.

São Luís Maria Grignion de Montfort

Oração antes da confissão ou exame de consciência

Espírito Santo, fonte de luz, dignai-vos enviar um dos vossos raios ao meu coração, e vinde auxiliar-me para conhecer os meus pecados. Mostrai-os a mim, Senhor, tão claramente como os conhecerei quando, ao sair desta vida, terei de comparecer diante do divino Juiz para ser julgado. Amém.

Anônimo

5
Celebramos a tua vinda santa

Celebramos a tua vinda santa

Deus, doador da vida, Espírito amigo dos homens!
Iluminaste através de línguas de fogo
aqueles que estavam reunidos em um comum amor.
Por isso celebramos neste dia a tua vinda santa.
Os apóstolos se viram repletos de alegria com a tua vinda,
e eis que, graças ao dom de falar muitas línguas,
chamaram à união os povos até hoje separados uns dos outros:
Por isso celebramos neste dia a tua vinda santa.
Em virtude do santo Batismo espiritual (que de ti receberam),
por suas mãos revestiste o mundo inteiro
de túnicas novas e resplandecentes:
Por isso celebramos neste dia a tua vinda santa.

***

Tu que te assentas no carro dos querubins, Espírito Santo,

desceste hoje do céu sobre o grupo dos apóstolos:
Bendito sejas, Rei imortal!
Tu que avanças sobre as asas dos ventos, hoje tu repousaste
sobre os apóstolos como línguas de fogo, ó Espírito Santo:
Bendito sejas, Rei imortal!
Tu, que com providência vigias todas as criaturas, desceste hoje
para fundar e consolidar a tua Igreja, ó Espírito Santo:
Bendito sejas, Rei imortal!

João Mandakuni ou Moisés de Khorene

Espírito incriado e consubstancial

Espírito incriado e consubstancial, totalmente semelhante ao Pai e ao Filho, que procedes do Pai de forma insondável, que recebes do Filho de forma inefável, desceste hoje no Cenáculo e repartiste o sopro de tuas graças:

Por misericórdia, sacia-nos com o cálice de tua sabedoria.

Autor dos seres criados, que pairavas sobre as águas na criação: do mesmo modo pairando sobre as águas do Batismo para nos dispensar o Cristo teu igual, por amor acaricias o homem como uma pomba; tu o geras para a adoção divina.

Por misericórdia, sacia-nos com o cálice de tua sabedoria.

Ó Doutor dos anjos no céu e das criaturas racionais sobre a terra, és Tu quem escolhes profetas no meio de pastores, apóstolos entre pescadores, e transformas publicanos em evangelistas e perseguidores em arautos da Palavra!

Por misericórdia, sacia-nos com o cálice de tua sabedoria.

Tal como vento impetuoso, por um sopro violento e forte, ó Espírito, Tu te manifestaste no Cenáculo ao grupo dos doze que foram batizados por ti e purificados como o ouro pelo fogo:

Aparta para longe de nós as trevas do pecado e reveste-nos com uma luz gloriosa!

Tu vieste à terra com vários sinais para julgar o mundo como soberano Senhor, a respeito da justiça, do pecado e do julgamento do mal; Tu abriste teu tesouro espiritual, Tu dispensaste teus dons aos filhos dos homens:

Aparta para longe de nós as trevas do pecado e reveste-nos com uma luz gloriosa!

O Amor, do Amor, enviou o Amor; por ti ele uniu seus membros a si mesmo. A Igreja que Ele fundou, Ele a estabeleceu sobre as sete colunas; Ele ali pôs seus apóstolos como guardiões, Ele lhes doou o ornamento de tuas sete graças:

Aparta para longe de nós as trevas do pecado e reveste-nos com uma luz gloriosa!

Nerses IV

Ó Espírito Santo, cálice derramado

Ó Espírito Santo, cálice de imortalidade derramado dos céus;
De ti beberam no Cenáculo os santos apóstolos:
Bendito sejas, ó Espírito Santo, Tu que és a verdade!
Tu te difundiste amplamente entre nós, Fogo vivo; pois os apóstolos se saciaram e depois saciaram a terra inteira.
Bendito sejas, ó Espírito Santo, Tu que és a verdade!
Hoje, as igrejas da gentilidade se sentem transportadas de gozo e repletas de alegria que vem de ti, cálice vivificante!
Bendito sejas, ó Espírito Santo, Tu que és a verdade!

***

Tu que procedes da essência do Pai, ó fonte de luz, trouxeste a alegria aos apóstolos, encheste-os dos raios de vibrante luz:
Por suas preces, tem piedade de nós.
Tu que, ao princípio, transformaste em luz as trevas que envolviam o mundo, hoje encheste os apóstolos com tua luz divina e admirável e os cumulaste de felicidade:
Por suas preces, tem piedade de nós.
Tu que te sentas sobre os anjos que lançam raios de fogo e abrem as suas asas, hoje desceste do alto dos céus sobre um grêmio de homens, impelido por um abrasante amor.

Bendito sejas, ó Espírito Santo, ó Deus!

Tu, proclamado santo pelo triságio das línguas de fogo, neste dia desceste dos céus sobre os lábios dos homens.

Bendito sejas, ó Espírito Santo, ó Deus!

Tu, a quem os espíritos ígneos contemplam sem cessar em meio a chamas refulgentes, hoje te derramaste dos céus sobre a terra como uma taça que aviva o fogo:

Tu és bendito, ó Espírito Santo, ó Deus!

Liturgia Armênia

E eles falaram em várias línguas

O Espírito de consolação desceu sobre os apóstolos na Festa de Pentecostes e eles falaram em várias línguas.

Ocorreu, quando se completaram os dias de Pentecostes, na ocasião em que todos os doze apóstolos, estavam reunidos.

O Espírito de consolação desceu dos céus, repousando sobre cada um deles, e eles falaram em várias línguas.

Um grande temor ocorreu, um dom de línguas veio do céu, enchendo o lugar onde os discípulos de Cristo estavam reunidos.

Elas apareceram para eles como línguas de fogo e se dividiram sobre cada um, dos nobres discípulos.

O Espírito Santo encheu os doze discípulos e eles falaram em várias línguas, pela efusão do Espírito Santo.

Liturgia Copta

Vinde, Espírito Sagrado

Vinde, Espírito Sagrado;
vinde, Paráclito,
prometido pela boca do Pai,
anunciado há muito pelo Profeta Joel.

Ele disse que em tempos vindouros
os corações de todos
ficariam repletos de Deus,
já anunciando essas boas-novas.

Tu és o infundido por nosso Deus
nestes dias sobre os discípulos,
ao ascender a sua cátedra, como o prometera,
uma vez banida a morte.

O cego e invejoso povo judeu
assim o confessa e grita
que estão cheios de mosto,
descrendo nas maravilhas divinas.

Mas Pedro, destemido, os repreende:
"Não estão, como pensais, cheios de vinho,
mas do Espírito
do qual fala o Profeta".

Mas muitos, prestando
atenção a estas palavras e entrando em si,

e aumentando o número dos crentes,
juntam-se ao rebanho de Cristo.

O mistério que antes estava
oculto a Israel,
agora já se canta revelado
e manifestado nos apóstolos.

Este é o dia quinquagésimo
no qual se proclama o Jubileu,
dia solene de gozo
e propício para o perdão.

Cantemos um hino ao Pai;
cantemos um hino ao Filho;
juntamente com o Espírito Santo,
com plena voz e coração. Amém.

Liturgia Moçárabe

Lira ao Espírito Santo

De chamas rodeado
veio o Consolador com veemência,
e o que hoje nos foi dado,
Espírito de ciência,
com o Pai e o Filho é uma essência.

Hoje baixou repentino
fazendo do chão um alto som,
e manifestou a fonte
do tesouro escondido
que foi por Jesus Cristo prometido.

E os filhos amados
de Jesus Cristo, eterno Rei de vida,
hoje foram consolados
com a graça escondida
que em suas gloriosas almas foi infundida.

Aguardando estiveram
com prece contínua até este dia,
e Àquele que acolheram
Deus, que de Deus vinha,
línguas de fogo neles esparzia.

Quando a receberam,
começaram a falar tais assuntos
aos que ali vieram
de diversas nações,
que faziam cativar os corações.

Falavam as grandezas
que nesta ocasião desataram,
quando, em suas cabeças,

as línguas se puseram
que do Divino Espírito vieram.
Cumulando-os de dons
tão copiosa graça lhes foi dada
no interior de suas almas,
que nela confirmada
ficou esta benditíssima malhada.

Madre Cecília do Nascimento, OCD

6
Creio, Senhor!

Espírito da verdade, salva-nos!

Espírito da verdade e do conhecimento divino, Espírito de sabedoria, de força e de conselho, que procedes do Pai e pelo Filho distribuis tuas riquezas à criação, salva-nos, a nós que nos prostramos com fé diante do teu poder soberano.

Liturgia grega

Bendito seja!

Em nome do Pai, do Filho e do Espírito Santo, um só Deus.
Bendito seja Deus, o Pai todo-poderoso, Amém!
Bendito seja seu Filho único, nosso Senhor. Amém!
Bendito seja o Espírito Santo, o Paráclito. Amém!

Liturgia Copta

Incendeia-me!

Senhor Deus todo-poderoso, Espírito Santo, que existes igual, coeterno e consubstancial ao Pai e ao Filho, e, de forma inefável, deles procedes; que desceste sobre nosso Senhor Jesus Cristo sob forma de pomba e sobre os apóstolos em línguas de fogo: eu te adoro, eu te louvo, eu te glorifico. Aparta de mim, eu te suplico, as trevas de toda iniquidade e infidelidade, e incendeia-me com a luz da vida e da misericórdia, e com o fogo do teu santíssimo amor.

Que Deus, o Pai todo-poderoso que me criou, me abençoe.

Que o Filho de Deus, que por mim sofreu a sua paixão, me liberte.

Que o Espírito Santo, que sobre mim foi derramado, me ilumine.

Que a Santíssima Trindade esteja sempre comigo, todos os dias da minha vida.

Sacramentário de Reichenau

Ó Espírito Santo

Ó Espírito Santo! Tu que procedes do Pai e do Filho: ensina-nos a agir na verdade. Tu que recebeste a processão do Pai e do Filho, associa-nos mediante o amor àqueles de quem procedes de forma tão inefável.

Por tua misericórdia, Deus nosso, Tu que és bendito, e vives e governas todas as coisas pelos séculos dos séculos. Amém.

Liturgia Moçárabe

Profissão de fé no Espírito Santo

Entendi que Tu, Deus vivo e verdadeiro, és o Espírito Santo do Pai e do Filho, que procede igualmente de ambos, consubstancial e advogado nosso, que desceste sobre o mesmo Deus e Senhor nosso Jesus Cristo em forma de pomba, e que te manifestaste aos apóstolos em línguas de fogo. Tu, que também ensinaste desde o início, pelo dom de tua graça, a todos os santos e eleitos de Deus, abriste os lábios dos profetas para que narrassem as maravilhas do Reino de Deus, a ti, junto com o Pai e o Filho devemos adorar e glorificar com todos os santos de Deus. Entre eles também eu, filho de tua serva, glorifico teu santo nome com todo o meu coração, porque Tu me iluminaste. Sim, Tu és a verdadeira luz, o lume da verdade, o fogo de Deus e o mestre dos espíritos. Tu és aquele que com tua unção nos ensinas toda a verdade. Tu és o Espírito da verdade, sem o qual é impossível agradar a Deus, porque Tu mesmo és Deus de Deus, e luz da luz, que procede do Pai das luzes e de seu Filho, nosso Senhor Jesus Cristo, com os quais existindo consubstancial, coigual e coeternamente, és glorificado e reinas acima de toda essência na essência de uma só Trindade.

Atribuída a Santo Agostinho

Jaculatória trinitária

Senhor, Pai celestial, Tu és o meu coração!
Senhor, Jesus Cristo, Tu és o meu corpo!
Senhor, Espírito Santo, Tu és meu alento!
Senhor, Santíssima Trindade,
Tu és meu único refúgio
e meu eterno descanso!

Santa Matilde de Magdeburgo

Exorcismo

Abençoada sou! Graças te dou, Espírito Santo.

Minha fé me garante que Tu és uma pessoa da Santíssima Trindade.

Tuas doces e amorosas correntes de fonte apagam todo o meu pesar, pois saem suavemente da Santíssima Trindade.

Peço-te, Senhor, Espírito Santo, que me protejas com teu divino amor de toda a perversidade dos maus espíritos, de modo que não encontrem o que buscam em mim. Amém.

Santa Matilde de Magdeburgo

7
Consagração e oferta

Fazei-me ouvir vossa doce voz

Ó santíssimo e adorável Espírito de meu Jesus, fazei-me ouvir vossa doce voz. Dai-me o frescor de vosso sopro cheio de deleite. Ó Espírito Divino, quero ser diante de Vós como uma pluma leve, para que vosso sopro me leve aonde queira, e que eu jamais lhe ofereça a menor resistência. Amém.

Venerável Francis Libermann

Tu me escolheste do mundo...

Meu Santíssimo Senhor e Santificador, tudo o que há de bom em mim é teu. Contudo, sem ti e com o passar dos anos, eu ficaria cada vez pior e tenderia a ser um diabo.

Se eu definitivamente me diferenciar do mundo, é porque Tu me escolheste do mundo, e porque o amor de Deus me iluminou o coração. Se eu me diferenciar dos teus santos, é porque eu não pedi por tua graça com bastante fervor, e nem o suficiente, e porque eu não desenvolvi com constância o que Tu me deste. Aumenta em mim essa graça de amor, apesar de toda a minha indignidade. Isso é mais precioso do que qualquer outra coisa no mundo. Eu a aceito no lugar de tudo o que o mundo pode me dar. Dá-me! Ela é minha vida.

Beato Cardeal John Henry Newman

Oração do mendigo

Espírito Santo, vinde,
Iluminai-me para encontrar a Fonte onde devo me saciar;
Vinde, minha consolação; vinde, minha alegria;
Vinde, minha paz, minha força, minha luz.
Espírito Santo, inspirai-me;
Amor de Deus, consumi-me;
Ao verdadeiro caminho, conduzi-me;
Fonte de paz, Luz, vinde me alumiar.
Tenho fome, vinde me alimentar.
Tenho sede, vinde me saciar.
Sou cego, vinde me iluminar.
Sou pobre, vinde me enriquecer.
Sou ignorante, vinde me ensinar.
Espírito Santo, eu me abandono a Vós...

Santa Maria de Jesus Crucificado

Sol de minh'alma

Vem, Espírito Santo,
rompe minha rigidez interior,
a inquietude e a perturbação
que me impedem de repousar em ti.

Ó Espírito da paz,
dá-me uma livre,
suave, simples e pacífica
adesão a tua vontade.

Ó Espírito de santidade,
dá-me ser nas tuas mãos
como uma cera mole,
pronta a deixar-se plasmar por ti.

Ó Espírito de amor,
sol de minh'alma,
faz que com fé me deixe penetrar
pelos raios da tua luz.

Queima com teu fogo
cada fibra do meu coração
que não palpita por ti.

Abrasa-o para que, em Jesus,
arda de amor sem limites
pelo Pai e os irmãos. Amém.

Leôncio de Grandmaison

Consagração comunitária

Vinde, Espírito Santo, derramai sobre nós o manancial das vossas graças e suscitai um novo Pentecostes na vossa Igreja!

Descei sobre vossos bispos, sacerdotes, religiosos e religiosas, sobre os fiéis e aqueles que não creem, sobre os pecadores mais endurecidos e sobre cada um de nós!

Descei sobre todos os povos do mundo, sobre todas as raças e sobre todas as classes e categorias de pessoas. Sacudi-nos com vosso sopro divino, purificai-nos de todo pecado e libertai-nos de todo engano e de todo mal! Incendiai-nos com vosso fogo, fazei que sejamos abrasados e consumidos em vosso amor! Ensinai-nos a entender que Deus é tudo: Toda a nossa felicidade e nossa alegria, e que somente nele está o nosso presente, o nosso futuro e a nossa eternidade.

Vinde a nós Espírito Santo e transformai-nos, salvai-nos, reconciliai-nos, uni-nos, consagrai-nos! Ensinai-nos a ser totalmente de Cristo, totalmente vossos, totalmente de Deus!

Isso vos pedimos pela intercessão, direção e proteção da Bem-aventurada Virgem Maria, vossa Esposa Imaculada, Mãe de Jesus e Mãe nossa, a Rainha da Paz! Amém.

Oração croata

Consagração – outra

Ó Espírito Santo, Espírito Divino de luz e de amor. Eu te consagro a minha inteligência, o meu coração e a minha vontade, todo o meu ser pelo tempo e a eternidade.

Que a minha inteligência seja sempre dócil às tuas celestes inspirações e ao ensinamento da Santa Igreja Católica, da qual Tu és o guia infalível.

Que o meu coração seja sempre abrasado pelo amor de Deus e do próximo.

Que a minha vontade seja sempre conforme à vontade divina; e que minha vida inteira seja uma imitação fiel da vida e das virtudes de nosso Senhor e Salvador Jesus Cristo, ao qual, com o Pai e contigo, sejam dadas honra e glória para sempre. Amém.

São Pio X

Sequência medieval

Amor do Pai e do Filho,
santa fonte de todo bem,
Espírito Paráclito.
Dos tesouros da Trindade,
vinde, ó torrente de amor,
para abraçar os nossos corações.
Revelai-vos neles, suave chama,
tocai os nossos corações endurecidos,
removei o gelo que nos oprime.

Descei, suave brisa,
soprai sobre nós até abrasar-nos
com vosso amor que diviniza.
Por Vós, a Vós estamos unidos,
graças a Vós estamos ligados uns aos outros
pelo vínculo do amor. Amém.

Anônimo

8
Eu te adoro Jesus hóstia!

Oração pelo povo antes da comunhão

Espírito Santo, fonte de vida, efusão de misericórdia, tende piedade deste povo aqui presente, prostrado ante a vossa divindade, conservai-o na inocência; imprimi na alma de cada um deles a humildade que manifesta externamente quando ele pede para receber a santa comunhão como penhor de sua salvação vindoura.

Liturgia Armênia

Iluminai o meu coração

Deus de bondade, sede favorável as minhas orações e iluminai o meu coração com a graça do Espírito Santo, para que eu seja digno de realizar os vossos mistérios e vos amar com um amor eterno.

Liturgia Galicana

Comunhão espiritual

Caridoso Espírito Santo,
eu vos ofereço a minha vontade, para que Vós a incendieis e a abraseis com o vosso divino amor.
Ornai minha alma com vossos sete dons, e tornai-me vosso templo de pureza.
Enchei-me com vossas graças, e preparai meu coração para receber meu Deus espiritualmente. Amém.

Santa Margarida Maria de Alacoque

Comunhão espiritual – outra

Ó Divino Espírito!

Vós que preparastes a vossa amadíssima esposa, minha dulcíssima Mãe, a santíssima Virgem Maria, para que bem acolhesse ao Verbo divino ao humanar-se em seu ventre, dignai-vos preparar também a mim. Preparai também, vos peço, meu coração, para que com o devido afeto saiba receber e agradar ao próprio Deus-homem sacramentado.

Santo Afonso Maria de Ligório

9
Eu vos amo, Amor!

Criai em mim um coração novo!

Ó doçura e amor meu, meu Deus, minha misericórdia,
por piedade, enviai do alto do céu vosso Espírito Santo,
e criai em mim um coração novo e um espírito novo.
Que vossa unção me instrua sobre todas as coisas,
porque eu vos escolhi acima de todas,
e que eu vos ame com mais afeição do que qualquer outro amor,
mesmo o amor de minha própria vida.
Que a virtude de minha alma se acresça da beleza
e do esplendor da caridade que esperais,
porque muito vos desejo.
Por misericórdia, fazei-me comparecer diante de Vós
com a beleza que convém ao convite: Vinde!
Amém.

Santa Gertrudes de Helfta
Quarto exercício espiritual

Vinde, ó Deus amor!

Vinde, Espírito Santo,
vinde, ó Deus amor, enchei meu coração.
Ai de mim!, vazia de todo bem.
Abrasai-me para vos amar.
Iluminai-me para vos conhecer.
Atraí-me para deleitar-me em Vós.
Atuai em mim, para que eu desfrute de Vós.
– Aqui mesmo, foge do mundo,
e de tudo aquilo que não é Jesus, vosso doce amor. –
Ah, meu querido Jesus!
Quem me dará asas como de pomba,
então, eu voaria no desejo, no desejo de pousar em Vós.

Santa Gertrudes de Helfta

Levai-me ao meu amado...

Espírito Divino, que sois consolador, consolai a minha alma que morre de amor; Vós que sois o vínculo de caridade entre o Pai e o Filho, e entre Deus e os homens, unindo-os intimamente, atai a minha alma, e uni-a ao seu amado com laço íntimo, que nunca se desate por toda a eternidade, unida com vosso Deus.

Vós sois fogo divino e chama de amor, e sabeis o que é amar, e conheceis o fogo que arde em meu coração, e que não existe água suficiente para o apagar, ausente o meu Senhor, meu Deus e meu Esposo.

Levai-me com Ele, para que o ame e o sirva com toda a perfeição: uma vez que a todos consolais, não me abandoneis sem consolação, porque eu não a terei se não me dais esta graça.

Levai-me ao meu amado e cessará a minha dor e jamais deixarei de vos louvar e glorificar, agora e eternamente. Amém.

Santa Gertrudes de Helfta

Vem ao meu coração!

Espírito Santo, vem ao meu coração.
Atrai-o a ti pelo teu poder.
Dá-me caridade com temor.
Guarda-me Cristo de todo mal pensamento,
e abrasa-me com teu santíssimo amor.
Que toda pena me pareça leve,
meu santo Pai, e meu doce Senhor.
Auxilia-me em todas as minhas necessidades.
Cristo, amor; Cristo, amor. Amém.

Santa Catarina de Sena

Viver de amor!

Viver de amor é dissipar o medo,
aventar a memória de passadas quedas.
Daqueles meus pecados já não vejo a pegada,
juntos ao fogo divino se queimaram...

Ó dulcíssima fogueira, sacratíssima chama,
em teu íntimo eu fixo minha morada.
E ali, Jesus, eu canto confiante e alegre:
Vivo de amor!

Santa Teresinha do Menino Jesus

10
Igreja e missão

Ação de graças pela Igreja

Sê exaltado, Espírito Divino, que com tanta solicitude vigias sobre a Esposa de Jesus! Ela não desfaleceu nem um só dia graças à tua ação constante e incansável. Não deixaste passar século algum sem suscitar apóstolos que a enriquecessem com as suas conquistas. Buscaste constantemente com a tua divina graça, almas e corações que se consagrassem a ela. Em todas as nações, em todos os séculos, Tu mesmo escolheste o incontável número de fiéis que a integram. Como ela é nossa mãe, somos os seus filhos; ela é a Esposa de nosso Capitão – com o qual esperamos nos reunir mediante ela, trabalhando pela glória do Filho de Deus que te enviou a terra –, trabalhaste também por nós, pobres e humildes pecadores. Por tudo isso, nós te oferecemos humildes ações de graças. Amém.

Dom Próspero Guéranger

Oração pela unidade na Igreja

Graças te sejam dadas, Espírito Divino, que habitando na Igreja de Jesus, nos moves misericordiosamente para a unidade; que nos faz amá-la e nos dispões para sofrer tudo antes que dividi-la. Fortifica-a em nós, e não permitas que nem o mais leve indício de desobediência jamais a altere. Tu és a alma da Igreja, governa-nos como membros sempre dóceis às tuas inspirações, pois estamos certos de que não poderemos chegar a Jesus, que te enviou, se não pertencermos à Igreja, sua Esposa e nossa Mãe; a esta Igreja que Ele resgatou com o seu sangue e que confiou a ti para formá-la e regê-la. Amém.

Dom Próspero Guéranger

Recorda-te!

Recorda-te daquela doce chama
que fazer arder querias em nossos corações.
Em minh'alma acendeste esse fogo do céu,
E eu também quero, derramar seus ardores.
Uma frágil centelha, ó mistério de vida,
levantar pode sozinha um grande incêndio.
Mui longe quero levar,
ó Deus meu, teu fogo,
recorda-te!

Santa Teresinha do Menino Jesus

Dai-nos vosso Espírito, ó Jesus!

Oh, meu Senhor Jesus! Enviai-nos vosso Espírito.

Enviai-o a todos os homens vossos filhos, a todos os homens por quem morrestes, a todos os homens que amais, a todos, pois é vossa vontade que todos vos sigam, que todos vos imitem amando-vos, obedecendo-vos. Enviai-o principalmente a todos aqueles que colocastes bem próximos de mim sobre a terra, a todos aqueles pelos quais quereis que eu reze de forma particular.

Enviai-o a mim, meu Deus, para que animado por esse mesmo Espírito que vos animou, repleto de vossa luz, conhecendo-vos com clareza, vendo nitidamente os vossos pensamentos, os vossos desejos, cheio deste amor com o qual amastes Deus (Pai) e os homens em vista de Deus; pleno dessa coragem que vos tem feito abraçar tudo o que era mais perfeito e o cumprir inteiramente, apesar dos sofrimentos da natureza e das perseguições dos homens e do inferno, eu vos imite ó meu Deus, também vos ame com o mais puro amor, e vos obedeça cumprindo tudo com perfeição, segundo a vossa palavra: "Sede perfeitos, como o vosso Pai é perfeito".

Oh, meu Deus! Dai a todos o vosso Espírito: a mim, vosso indigno filho, que mantém os olhos erguidos para Vós entre a Santa Virgem e Santa Madalena; para aqueles que me deste de forma mais particular, a todos os homens vossos filhos e meus irmãos.

Dai-nos vosso Espírito, ó amado Jesus, para que por Ele animados, pensemos os vossos pensamentos. Dai-nos vosso Espírito, ó Jesus, para que por Ele animados, nossos corações sejam unidos ao vosso e que amemos a Deus e aos homens como o vosso coração os ama.

Dai-nos vosso Espírito, ó Jesus, para que plenos de vossa força, realizemos as vossas obras; para que realizemos tudo da forma mais perfeita, como o realizais; que obedeçamos em tudo a vosso Pai como fizestes em tudo a sua vontade.

Ó Jesus, dai-nos vosso Espírito para que Ele nos anime como vos animou, e nos faça pensar os vossos pensamentos, amar como Vós amastes e vos obedecer perfeitamente, ó amado Jesus.

Amém. Amém. Amém.

Beato Charles de Foucauld

Invocação comunitária do Espírito Santo

P. Espírito incriado, força primordial do universo, poder santificador da Igreja, vinde, fecundai o nosso ser com a semente divina, alegrai a cidade de Deus com os vossos sete santos dons. Espírito renovador, nuvem repleta de fecundante orvalho, coluna luminosa de purificante fogo, vinde. Lavai as nódoas do pecado, iluminai os corações com a luz da graça.

T. Nós vos invocamos, Espírito, vinde. *Maranathá!*

P. Espírito de sabedoria, voz dos profetas, vinde. Falai no íntimo dos nossos corações e guiai a Igreja ao pleno conhecimento da verdade. Espírito consolador, fortaleza dos fracos, alegria dos aflitos, vinde, revigorai os membros cansados, devolvei a alegria aos corações quebrantados.

T. Nós vos invocamos, Espírito, vinde. *Maranathá!*

P. Espírito de vida, sopro de amor, força brotada da cruz, vinde; animai e estimulai a Igreja, inflai as suas velas. Espírito do Pai e do Filho, descido sobre a Virgem Maria, dado aos apóstolos, derramado sobre a Igreja, vinde. Revelai-nos o Pai, manifestai-nos a sabedoria do Filho, estabelecei em nós a vossa morada.

T. Nós vos invocamos, Espírito, vinde. *Maranathá!*

P. Espírito de paz, manancial de concórdia, vínculo de amor eterno, vinde. Reconciliai os filhos com o Pai, fortalecei a nossa amizade fraterna, fomentai a unidade na Igreja.

T. Nós vos invocamos, Espírito, vinde. *Maranathá!*

L. Espírito do Batismo,

T. Restaurai em nós a imagem de Cristo.

L. Espírito da Crisma,

T. Confirmai a Igreja no vosso amor.

L. Espírito da Eucaristia,

T. Consolidai-nos na unidade.

L. Espírito da Penitência,

T. Convertei-nos os corações.

L. Espírito da santa Unção,

T. Depositai em nós o germe da futura ressurreição.

L. Espírito do Sacerdócio,

T. Tornai-nos verdadeiros adoradores do Pai.

L. Espírito do sagrado vínculo do Matrimônio,

T. Santificai a Igreja, esposa de Cristo.

P. Ó Pai, confirmai o acontecimento de graça que realizastes nestes vossos filhos com o Sacramento da Crisma: conservai em seus corações os dons do vosso Santo Espírito, para que sejam fiéis guardiões de vossa Palavra e corajosas testemunhas de Cristo crucificado e ressuscitado, que vive e reina pelos séculos dos séculos. Amém.

Dom Pio Alberto del Corona

Oração pelos evangelizadores

Vinde, ó divino Amor, do qual procede aquele espírito missionário que forma os verdadeiros apóstolos; vinde e acendei o vosso fogo em muitos corações e enviai-os para salvar almas, por toda a terra.

Vinde, ó Espírito Santo, como outrora no Cenáculo, onde aparecestes em forma de línguas de fogo; vinde, purificai o nosso coração e a nossa língua, e fazei que a nossa linguagem seja sempre santa, sempre dirigida à construção do vosso Reino, e o bem do nosso próximo. Amém.

Beata Elena Guerra

Sede Vós o vínculo...

Deus Espírito Santo, com sabedoria divina dispondes tudo e no momento propício, pelo poder de vossa graça, vinde aquecer o que é gélido e purificar e santificar o que é maculado pelo labéu do pecado: infundi-nos os sentimentos de caridade e piedade; sede Vós o vínculo que nos una a todos e conduzi-nos para uma união cada vez mais estreita e íntima com o Pai e o Filho. Amém.

Por uma serva anônima do Espírito Santo

Concedei aos governantes a caridade

Espírito Santo, Espírito da paz e santidade, Vós congregastes na unidade da fé tantas e tão diversas nações. Dignai-vos conceder aos governantes e a seus conselheiros a plenitude de vossas graças, gravando-lhes no fundo da alma o novo mandamento da caridade dado aos apóstolos foi dado por Jesus, prestes a deixar este mundo. Oxalá assim eles conheçam que são filhos de Deus e se tornem dignos do nome de cristãos. Inspirai-os, para que, em suas deliberações e em seus planos, jamais deixem de cuidar do que convier à vossa honra e à verdadeira paz da Igreja. Dai ao povo o Espírito de humilde submissão. Preservai-nos de discórdias, guerras e revoluções, a fim de que todos, unidos pelo vínculo da caridade, possamos vos servir em paz perfeita. Amém.

Por uma serva anônima do Espírito Santo

Espírito que pairas sobre as águas...

Espírito que pairas sobre as águas,
pacifica em nós as discordâncias,
as ondas inquietas, o ruído das palavras, as agitações da vaidade;
e faz surgir no silêncio a Palavra que nos recria.

Espírito de fogo, sempre abscôndito, até as raízes,
por tua chama, vem consumir o joio que está em nós;
nas profundezas de nossa vida,
vem cravar como uma lâmina a Palavra que santifica.

Espírito que sopras num único suspiro ao nosso espírito o nome do Pai,
vem reunir todos os nossos desejos,
faze-os subir num feixe que seja resposta à tua luz,
a Palavra do novo dia.

Espírito de Deus, seiva de amor da imensa árvore onde nos enxertas,
que vejamos todos os irmãos ao nosso redor como um dom,
no grande corpo em que se aperfeiçoa a Palavra de comunhão,
Espírito que pairas sobre as águas. Amém.

Irmão Pierre-Yves, Taizé

Famílias do amanhã!

Espírito Santo, Espírito Amor,
Vós que viveis em perfeita unidade
com o Pai e o Filho,
e que, de forma misteriosa,
fazeis com que cada pessoa divina esteja
totalmente presente na outra,
eu vos peço:

Olhai pelas famílias que no mundo atual
querem ser fiéis
ao vosso amor e à verdade do Evangelho.
Olhai como o mundo as
pressiona a levar uma vida de falsa felicidade,
vazia e efêmera.
Sim, meu Espírito e meu Deus,
a sociedade está doente porque
muitas famílias o estão.
Concedei-nos a graça de ser
como a família do Profeta Josué
que disse: "Eu e minha casa serviremos ao Senhor",
enquanto muitos seguem falsos deuses e não a Vós,
o único Deus verdadeiro.
Que nossas famílias também possam, Santo Espírito,
levar às outras famílias,
especialmente as mais pobres e esquecidas,
uma mensagem de esperança,
de amor e de paz!
Que o amor e a paz que reinam no íntimo da Trindade,
sejam o amor e a paz que reinam em cada lar,
e em cada coração.
Que a sagrada família de Nazaré,
sempre fiel ao vosso "sopro e inspiração",
nos conduza pelas dificuldades desta vida
até chegarmos ao banquete do céu,
onde todos festejaremos juntos e,
vendo-vos "face a face",
eu possa descobrir também com minha família,
a infinitude do amor.

F.J.B.

11
Invocação para reuniões importantes

Reunidos em vosso nome
Aqui estamos, Senhor Espírito Santo.
Aqui estamos, travados pela inércia do pecado,
mas reunidos especialmente em vosso Nome.
Vinde a nós e permanecei conosco.
Dignai-vos penetrar em nosso interior.
Ensinai-nos o que temos de fazer,
por onde devemos caminhar,
e mostrai-nos o que devemos praticar,
para que, com vosso auxílio,
saibamos agradar-vos em todas as coisas.
Sede Vós o único inspirador e realizador de nossas decisões;
Vós, o único que, com Deus Pai e seu Filho,
possuís um nome glorioso.
Não permitais que violemos a justiça,
Vós, que amais a suprema equidade:

que a ignorância não nos arraste ao erro;
que o favoritismo não nos amoleça;
que não nos corrompa a acepção de pessoas ou de cargos.
Pelo contrário: uni-nos de verdade a Vós,
somente com o dom de vossa graça,
para que sejamos um em Vós,
e em nada nos desviemos da verdade.
E, assim como estamos reunidos em vosso nome,
assim também conservemos em tudo a justiça,
moderados pela piedade,
para que, hoje, nossas opiniões em nada se afastem de Vós,
e, no futuro, agindo com retidão,
alcancemos os prêmios eternos. Amém.

Santo Isidoro de Sevilha

12
Louvor a ti!

Nós te glorificamos

Nós te glorificamos,
Fogo e Luz que resplandeces sobre a face do Cristo.
Fogo cuja vinda é palavra,
Fogo cujo silêncio é luz,
Fogo que colocas os corações em ação de graças,
nós te glorificamos.

Tu que repousas em Cristo,
Espírito de sabedoria e entendimento,
Espírito de conselho e fortaleza,
Espírito de ciência e temor,
nós te glorificamos.

Tu que perscrutas as profundezas,
Tu que iluminas os olhos de nosso coração,
Tu que te unes a nosso espírito,
Tu por quem refletimos a glória do Senhor,
nós te glorificamos. Amém.

Atribuído a Santo Efrém, diácono e doutor da Igreja

Luz de nossas almas

Ó Senhor que enviaste o teu Espírito Santo sobre os teus santos discípulos e apóstolos veneráveis na terceira hora, não o afastes de nós, ó Tu que és tão bom. Mas nós te imploramos, ó nosso Senhor Jesus Cristo, Filho de Deus o Verbo, que o renoves em nós: Espírito reto e vivificante, espírito filial e de castidade, espírito de santidade, de justiça e vigor. Ó Tu que podes tudo porque és a luz de nossas almas. Ó Tu que iluminas todo ser vindo a este mundo, tem piedade de nós.

Liturgia Copta

Deus único em Trindade

Bendito sois Vós, Senhor Deus de nossos pais,
e vosso nome é glorioso e louvado na eternidade.
Nós vos adoramos, Pai eterno,
Nós vos invocamos, Filho eterno,
Nós vos confessamos, Espírito Santo que habitais na substância única da divindade.
A Vós, Deus único em Trindade, nós louvamos e agradecemos segundo a vossa dignidade, para que sejamos dignos de vos louvar a uma só voz que não silenciará pelos séculos eternos. Amém.

Hino Te Deum, *acréscimo posterior*

Vem, Consolador benfazejo!

Vem, Consolador benfazejo,
rege as línguas, abranda os corações.
Nem o fel nem o veneno
podem suportar tua presença.

Não há felicidade, não há ventura,
não há saúde nem segurança,
não há doçura nem plenitude,
sem a tua graça.

Tu és luz, Tu és bálsamo,
Tu és o celeste sabor;
Tu és aquele que confere à água
o seu poder misterioso.

Feitos novas criaturas,
nós te louvamos com um coração puro;
por natureza éramos filhos da ira,
agora somos filhos da graça.

Tu que és o doador e o dom
e o autor de todo bem,
dá-nos o sabor de teu louvor
e deposita em nossos lábios os tons
que cantem a tua glória.

Tu que és o próprio autor da pureza,
purifica-nos de todo pecado;
e, após regenerar-nos em Cristo,
concede-nos a plena alegria
de uma renovação perfeita. Amém.

Adão de São Vitor

Fogo sagrado

Fogo sagrado,
Tu não queimas os corações,
mas os libertas de suas inquietudes
quando os visitas.

As almas que inicialmente eram ignorantes,
adormecidas e rudes,
Tu as instruis e as despertas de seu adormecimento.

Tu reavivas as línguas, Tu formas seus sons,
Tu guias o coração ao bem,
és Tu que dás a caridade.

Ó apoio dos oprimidos!
Ó consolação dos miseráveis!
Refúgio dos pobres,

Inspira-nos o desprezo dos bens terrestres,
faz convergir todos os nossos desejos e o nosso amor
aos bens celestes.

Afasta os males de nós, purifica nossas máculas,
faz a união suceder a discórdia
e dá-nos a tua proteção.

Adão de São Vitor

Súplica

Espírito Santo,
Vós sois fogo;
Ah! Incendiai a frieza dos meus afetos.
Vós sois língua;
corrigi a minha fala desordenada;
e, se sois vento,
dissipai em mim a neblina das paixões,
e elevai-me ao mais alto do céu
para gozar eternamente de Vós. Amém.

Atribuída a Santo Agostinho

Sequência do Espírito Santo

Ó fogo do Espírito Paráclito, vida da vida de toda criatura, Tu és santo, Tu que dás vida às imagens; Tu és santo, Tu que cobres de bálsamo as perigosas fraturas; Tu és santo, Tu que tratas as fétidas feridas.

Ó sopro de santidade, ó fogo de caridade, ó doce sabor nos corações e chuva nas almas, fragrância de virtudes.

Ó puríssima fonte, onde se vê Deus reunir os estrangeiros e buscar de novo os desviados.

Ó armadura da vida, esperança da união de todos os homens, abrigo da beleza, salvação dos seres!

Guarda aqueles que o inimigo tem encarcerados e liberta aqueles que estão cativos, aqueles que quer salvar o divino poder!

Ó caminho bem seguro, que passas por todo lugar, sobre os cimos e nas planícies e nos abismos, para reconciliar e reunir todos os seres!

Por ti, as nuvens correm, o ar plana, as pedras cobrem-se de umidade, as águas tornam-se regatos e a terra verte a verdejante seiva.

Também és Tu que sempre guias aqueles que têm conhecimento e os enches de alegria pela inspiração de tua sabedoria.

Portanto, louvor a ti que fazes ressoar os louvores e regozijar a vida, a ti o julgamento, a honra e a força, a ti que trazes a luz. Amém.

Santa Hildegarda de Bingen, doutora da Igreja

Hino ao Espírito Santo

Ó Espírito de fogo, louvor a ti que ages nos tambores e nas cítaras.

Os pensamentos dos homens se incendeiam em ti e os sacrários de suas almas reúnem as suas forças.

Por isso eleva-se a vontade e dá sabor a alma; e o desejo é a sua lâmpada.

O intelecto te invoca com suavíssimo som, te prepara edifícios com o raciocínio, que goteja suor em obras de ouro.

Tu sempre tens a espada para cortar o que a maça venenosa oferece com cruel homicídio.

Às vezes uma nuvem ensombra vontade e desejos, em que a alma esvoaça e de todo lado se cerca.

A inteligência, contudo, liga vontade e desejo.

Quando a alma assim se eleva e pretende ver o olho do mal e a face da iniquidade, Tu logo a queimas em fogo, quando queres.

Mas quando a razão se submete às más obras, Tu, quando queres, a cinges e aniquilas, e depois as guardas infundindo-lhe esperança.

Quando o mal desembainha a espada contra ti, Tu o golpeias no coração, como fizeste com o primeiro anjo perdido, quando precipitaste no inferno a torre da sua soberba.

E ali outra torre ergueste sobre os publicanos e os pecadores, quando a ti confessam pecados e obras.

Por isso, todas as criaturas que vivem de ti te louvam, pois Tu és o bálsamo mais precioso para as fraturas e pútridas feridas: Tu as transformas em gemas preciosíssimas.

Digna-te agora reunir-nos em torno de ti, e dirigir-nos no caminho da retidão. Amém.

Santa Hildegarda de Bingen

Graças por aquele que se encarnou!

Graças vos dou, ó adorável Espírito Consolador, por aquele que, com a vossa cooperação, se encarnou no seio da Virgem; porque, não obstante a minha indignidade, tanto preparastes para mim com as bênçãos gratuitas de vossa ternura, que qualquer outro benefício não teria agido como o vosso, onde se escondem, de onde procedem, com a qual se recebem todos os bens.

Santa Gertrudes de Helfta

Tu és o Dom que sacia!

Ó Dom do Altíssimo, Espírito Santo que és Deus; Tu és o amor do Deus incomparavelmente rico e generoso, o primeiro e perfeito Dom, pois, em teu Amor e por causa de teu Amor, Deus nos concede todas as coisas.

Tu és o Dom que sacia e no qual tudo o mais está contido, por quem os santos são atendidos.

Tu és o Dom incomparável, desejável sobre todas as coisas; o Dom que por sua infinita bondade transcende todos os outros dons e que torna todos os santos bons e bem-aventurados. Amém.

Abade Jean Michel de Coutances

Ó fogo bem-aventurado!

Ó fogo bem-aventurado que não consomes e iluminas; e, se consomes, eliminas as más disposições para que a vida não acabe!

Quem me dera que eu me abrasasse com este fogo que limpa e expulsa com a luz da verdadeira sabedoria as trevas da ignorância, e a escuridão da consciência errônea; que eu mude o frio da tibieza e pouca devoção e negligência pelo fervor da caridade, que ela nunca permita que meu coração endureça, mas sempre o abrande com seu calor, torne-o obediente e devoto. Por fim, que remova o pesado jugo das preocupações e desejos terrenos, e eleve meu coração ao alto com as asas da santa contemplação que gera e aumenta a caridade, para que eu possa dizer com o profeta: "Alegra, Senhor, a alma de teu servo, porque a ti, Senhor, elevei a minha alma". Amém.

São Roberto Belarmino

Quem poderá vos conhecer?

Vinde, ó Espírito!
Vós nada podeis encontrar de mais pobre, de mais carente,
de mais nu, de mais abandonado, de mais fraco,
do que o meu coração.
Vinde, trazei-lhe a paz.
Não a paz da abundância que corre como um rio,
mas a paz seca, a paz da paciência e do sacrifício,
a paz amarga, porém verdadeira;

e tanto mais pura, mais íntima, mais profunda, mais inesgotável,
quanto mais ela for alicerçada sobre a renúncia sem reservas.

Ó Espírito, ó Amor!
Ó Verdade de meu Deus! Ó Amor luz!
Ó Amor que ensinais a alma sem falar,
que fazeis tudo ouvir sem nada dizer,
que nada pedis a alma e que a exercitais
pelo silêncio a todo sacrifício!

Ó Amor que desagradais qualquer outro amor,
que fazeis que se odeie, que se esqueça, que se abandone!
Ó Amor que fluís através do coração, como a fonte da vida,
quem poderá vos conhecer senão aquele em quem Vós estareis?

Calai-vos, homens cegos; o amor não está em vós.
Vós não sabeis o que dizeis:
vós nada enxergais, vós nada ouvis.
O verdadeiro Doutor jamais vos ensinou.

François Fénelon

Sois o Espírito Divino...

Espírito Santo, Pai dos pobres, Consolador dos aflitos, Luz dos corações, Santificador das almas, abrasai o meu coração com o vosso santo amor.

Sois o Espírito Divino: dai-me força contra os maus espíritos.

Sois um fogo: acendei em mim o fogo do vosso amor.

Sois uma luz: iluminai-me e fazei que eu conheça as realidades eternas.

Sois uma pomba: dai-me pureza de costumes.

Sois um vento suave: afastai de mim as tempestades que suscitam minhas paixões.

Sois uma língua: ensinai-me a louvar-vos sem cessar.

Sois uma nuvem: cobri-me com as asas de vossa proteção.

Sois, por fim, o dispensador de todos os dons divinos: vivificai-me com a vossa graça, santificai-me com vosso amor, dirigi-me com a vossa sabedoria, adotai-me por filho vosso; por vossa bondade, salvai-me por vossa infinita misericórdia, para que não cesse jamais de vos agradecer, de vos louvar e amar, durante minha vida aqui na terra e depois por toda a eternidade lá no céu. Amém.

Santo Afonso Maria de Ligório

Eu te adoro, ó Fogo incriado e eterno!

Meu Deus, eu te adoro como a terceira pessoa da eternal Santíssima Trindade, sob a nomeação e designação de "Amor". Tu és o amor vivífico, no qual o Pai e o Filho se amam mutuamente. E Tu és o autor do amor sobrenatural em nossos corações: *"Fons vivus, ignis, caritas"*.

Como fogo desceste do céu no dia de Pentecostes; e como fogo Tu queimas até o fim as impurezas do pecado e da vaidade no coração e acendes a chama pura da devoção e afeto. És Tu quem unificas o céu e a terra, mostrando-nos a glória e a beleza da natureza divina, e fazendo-nos amá-la como ela é em si mesma tão fascinante e vitoriosa.

Eu te adoro, ó Fogo incriado e eterno, Fogo pelo qual nossas almas vivem, pelo qual só elas estão capacitadas para o céu.

Beato Cardeal John Henry Newman

Por ti...

Meu Deus, ó Paráclito, eu Te reconheço como o doador desse grande dom, único pelo qual somos salvos, amor sobrenatural.

O homem é cego por natureza e duro de coração em todos os assuntos espirituais; como ele alcançará o céu? É pela chama da tua graça, que lhe consome a fim de renová-lo, e assim prepará-lo para desfrutar o que, sem ti, ele não saberia saborear. És Tu, ó Onipotente Paráclito, que tens sido e és a força, o vigor e perseverança do mártir no meio de seus tormentos. Tu és o esteio do confessor em suas longas, tediosas e humilhantes fadigas. Tu és o fogo, pelo qual o pregador ganha almas, sem pensar em si mesmo e em seu esforço missionário. Por ti nós despertamos da morte do pecado, para trocar a idolatria da criatura pelo puro amor do Criador. Por ti, nós fazemos atos de fé, esperança, caridade e contrição. Por ti, vivemos na atmosfera da Terra, prova oposta da sua infecção. Por ti, somos capazes de nos consagrar ao ministério sagrado, e executar nossas tremendas obrigações para com ele. Pelo fogo que Tu fizeste acender dentro de nós, nós rezamos e meditamos, e fazemos penitência. Poderiam as nossas almas viver sem ti, como os nossos corpos se pudessem viver sem o sol.

Beato Cardeal John Henry Newman

13
O divino Hóspede

Hóspede tão amável de minh'alma

O divino Hóspede se estabelece em toda parte de onde não é expulso, porque se comunica a todos, exceto a pecadores que não querem sair do lamaçal, e Ele não pode, como a pomba da arca, fixar-se naqueles corações. Ele volta porque não encontra onde colocar os seus pés, nem pode suportar àquele fedor pestilento de tão malcheiroso cadáver, como é o coração do pecador obstinado no pecado. Por natureza, esse Espírito se fixa através de uma comunicação e uma união com o Verbo.

– Tu estás estabelecido nos anjos, ó Hóspede, não por natureza, não, mas por graça, por comunicação e união. Tu repousas nas criaturas: por certo, não naquelas que estão embrutecidas e desfiguradas, mas naquelas que, pela comunicação dos teus dons, se tornam aptas a se assemelharem a ti pela pureza; e naquelas que recebem o efeito do Sangue do Verbo: Tu nelas repousas, porque são dignas moradas para ti. Porém, Tu não repousas na criatura, enquanto é propensa a pecar, mas repousas nela por comunicação, por operação, por sapiência, por potência, por liberalidade, por benignidade, por caridade, por amor, por pureza e, enfim, por sua grande bondade, e infundindo estas graças na tua criatura, torna-a apta a te acolher.

Santa Maria Madalena de Pazzi

Mesmo o meu corpo é teu templo

Meu Deus, eu te adoro, ó Eterno Paráclito, luz e vida da minha alma. Tu poderias ter te contentado por me dar apenas boas sugestões, inspirando graça e auxílio de fora. Tu poderias assim ter me conduzido, purificando-me com a tua virtude interior, quando eu mudei meu estado deste mundo para o outro. Mas na tua infinita misericórdia, desde o princípio entraste em minh'alma e tomaste posse dela. Fizeste-a teu templo. Por tua graça, habitas em mim de modo inefável, unindo-me a ti mesmo e a todos os anjos e santos. Ou melhor, como alguns defenderam: Tu estás presente em mim, não só pela tua graça, mas por tua eterna substância, como se, embora eu não perdesse a minha própria individualidade; mas, em certo sentido, mesmo aqui eu estava absorvido em Deus. Mais ainda, como se tomasses posse do meu próprio corpo, esse corpo terreno, carnal, tabernáculo miserável; mesmo o meu corpo é teu templo. Ó surpreendente, impressionante verdade!

Eu acredito, eu sei, ó meu Deus!

Beato Cardeal John Henry Newman

Derrama teu amor!

Ó Senhor, derrama teu amor
sobre o mundo inteiro.
Ó Espírito Santo, vem e fixa
tua morada em nós
para que todos, a uma só voz,
glorifiquemos ao nosso Criador.
Pai, Filho e Espírito Santo. Amém.

São Silouan o Atonita – Pensamentos

Adoração e súplica amorosa

Ó bondoso, clemente e doce Espírito Santo!

Eu vos saúdo, honro e bendigo, e prostrado por terra vos adoro.

Ó amantíssimo Espírito Santo, meu coração suspira por Vós, e minha pobre alma deseja estar convosco, para eu ter parte de vossa graça e alcançar o vosso amor. Humildemente vos suplico: vinde preparar para Vós uma digna habitação dentro de mim.

Ó benigno Espírito Santo, Vós conheceis a minha fraqueza, e sabeis melhor do que eu quão pobre e miserável sou. De todo o coração suspiro por Vós, e gemendo e chorando clamo a Vós.

Ó Divino Espírito de doçura, de consolação e de graça, vinde, uni-me convosco. Vinde e permanecei comigo para sempre. É verdade que meu coração é pobre, mas podeis enriquecê-lo. É doente, mas podeis curá-lo. É pecador, mas podeis restaurá-lo. Está cheio de todo o mal, mas podeis enchê-lo de todos os bens.

Vinde, pois, Espírito Santo! Minha alma deseja estar convosco e não se satisfaz senão estando convosco. Espírito repleto de graças, não deixo de implorar-vos, até possuir-vos.

Espírito Santo, santificai-me! Espírito puríssimo, purificai-me! Espírito claríssimo, iluminai-me! Espírito riquíssimo, enriquecei-me! Espírito abrasador, abrasai-me! Espírito cheio de graças, enchei-me de graças! Espírito consolador, consolai-me! Espírito bem-aventurado, tornai-me bem-aventurado! Assim quero louvar-vos, amar-vos e agradecer-vos por toda a eternidade. Amém.

Por um brasileiro anônimo

Rei celeste

Rei celeste, Consolador, Espírito da Verdade,
Tu que estás presente em toda parte e que enches todas as coisas,
Tesouro dos bens e Doador da vida,
vem, estabelece tua morada em nós,
purifica-nos de toda mancha
e salva nossas almas, Tu que és bom!

Oração ortodoxa

Permanece conosco

Graças te damos, ó Espírito, por te teres feito por nós: luz sem ocaso, sol sem poente, porque não tens onde esconder-te, Tu que enches o universo.

Vem, Senhor, arma hoje em nós a tua tenda; edifica a tua casa e permanece eternamente em nós, teus servos, pois, ao final, também nós nos reencontraremos em ti.

Conserva-nos inabaláveis na fé e, vendo-te, nós, os que estaremos mortos, viveremos; e, possuindo-te, nós pobres seremos os mais ricos dos homens.

Tu és o verdadeiro bem, a verdadeira glória; a ti pertence a glória, ó santa, vivificante Trindade, agora e sempre pelos séculos dos séculos. Amém.

Anônimo

Invocação ardente

Vinde, luz verdadeira.
Vinde, vida eterna.
Vinde, mistério oculto.
Vinde, tesouro inominado.
Vinde, realidade inefável.
Vinde, pessoa inimaginável.
Vinde, felicidade sem fim.
Vinde, luz sem ocaso.
Vinde, esperança infalível de todos aqueles que devem ser salvos.
Vinde, despertar aqueles que estão adormecidos.

Vinde, ressurreição dos mortos.
Vinde, ó poderoso, que sempre fazeis e refazeis todas as coisas
e as transformais unicamente pelo vosso poder.
Vinde, ó invisível e totalmente intangível e impalpável.
Vinde, Vós que permaneceis eternamente imóvel
e a todo momento vos moveis inteiro
e vinde a nós que permanecemos nos infernos (sombras),
ó Vós, acima de todos os céus.
Vinde, ó nome bem-amado e repetido em toda parte,
mas que nos é totalmente proibido expressar o ser
ou conhecer a natureza.
Vinde, gozo eterno.
Vinde, coroa imperecível.
Vinde, púrpura do nosso grande Deus e Rei.
Vinde, cós cristalino e constelado de joias.
Vinde, sandália inacessível.
Vinde, púrpura real.
Vinde, direito verdadeiramente soberano.
Vinde, Vós que tendes desejado e desejais minha alma miserável.
Vinde, Vós, o Só, ao só, pois vedes que eu estou só.
Vinde, Vós que me tendes separado de tudo
e me fizestes solitário neste mundo.
Vinde, tornando-vos Vós mesmo meu desejo,
que me tendes feito desejar-vos,
Vós, o totalmente inacessível.
Vinde, minha respiração e minha vida.

Vinde, consolação de minha pobre alma.

Vinde, minha alegria, minha glória, meu deleite sem fim.

São Simeão o novo teólogo

Santificai-me

Vinde, Espírito Santo, santificai-me;

Vinde, Espírito de sabedoria, tomai-me;

Vinde, Espírito de inteligência, iluminai-me;

Vinde, Espírito conselheiro, repreendei-me;

Vinde, Espírito de fortaleza, fortalecei-me;

Vinde, Espírito de piedade, animai-me;

Vinde, Espírito de ciência, ensinai-me;

Vinde, Espírito de temor de Deus, guardai-me;

Vinde, Espírito Paráclito, consolai-me;

Vinde, Espírito de verdade, enchei-me;

Vinde, Espírito de santa disciplina, governai-me;

Vinde, Espírito de adoção de filhos de Deus, libertai-me;

Vinde, Espírito das missões, confirmai-me;

Vinde, Espírito de paz, dai-me a vossa paz. Amém.

Um assistente-geral das religiosas do Sagrado Coração

Estabelece em mim a tua morada!

Ó Amor divino do Pai onipotente e do Filho amado, com o qual formas uma única e santa comunhão!

Espírito Santo, consolador dos aflitos, infunde no mais íntimo de meu coração a tua força e a tua virtude, fixa aí a tua morada, e ilumina com teu brilhante esplendor os lugares mais recônditos e obscuros dessa morada tanto tempo abandonada.

Que a partir de agora a abundância de teu orvalho fecunde a aridez e a esterilidade de minh'alma. Que as setas de teu amor penetrem nos recantos mais arcanos de meu coração e curem todas as minhas chagas. Que teu fogo salutar me reanime de minha tibieza e indiferença, e que a totalidade de meu ser seja abrasado por tuas divinas chamas.

Faz que eu beba da torrente de tuas delícias, para que não sinta mais nenhum sabor pelos deleites envenenados do mundo. Julga-me, Senhor, distingue a minha causa da do povo ímpio. Ensina-me a fazer a tua vontade, porque Tu és o meu Deus.

Creio que no coração daquele ao qual desces para habitar, ali também estabeleces a morada do Pai e do Filho. Bem-aventurado, portanto, aquele que merece ter-te como hóspede, porque o Pai e o Filho nele fixarão a sua morada.

Vem depressa, bondoso consolador da alma aflita, seu auxílio no tempo próspero e na tribulação.

Vem nos purificar de nossas faltas e curar as nossas feridas.

Vem, Tu que sustentas os fracos e ergues os caídos.

Vem, Senhor, para nos ensinar a humildade e nos livrar do orgulho.

Vem, Pai dos órfãos, protetor das viúvas, esperança dos pobres e consolo dos abatidos.

Vem, estrela dos navegantes, porto e refúgio dos náufragos.

Vem, singular ornato de todos os viventes e única salvação dos que morrem.

Vem, mais santo dos espíritos, vem e tem compaixão de mim. Faz que eu me configure completamente a ti, e digna-te vir até mim, a fim de que, segundo as tuas inumeráveis misericórdias, tua grandeza não despreze o meu nada, nem tua onipotência a minha fraqueza.

Peço-te em nome de Jesus Cristo, meu Salvador, que é Deus como Tu, e contigo vive e reina em tua santa unidade, pelos séculos dos séculos. Assim seja.

Jean de Fecamp

Abbá, Pai!

Ó Espírito Santo,
Alma da minha alma,
só em ti posso exclamar: *Abbá*, Pai.

És Tu, ó Espírito de Deus,
que me tornas capaz de pedir
e me sugeres o que pedir.

Ó Espírito de amor,
desperta em mim o desejo

de caminhar com Deus:
só Tu o podes despertar.

Ó Espírito de santidade,
Tu perscrutas as profundezas da alma
na qual habitas, e não toleras nela
nem mesmo a menor imperfeição:
queima as que estão em mim, todas elas,
com o fogo do teu amor.

Ó Espírito doce e suave,
conduz sempre mais
a minha vontade à tua,
para que a possa conhecer claramente,
amar ardentemente,
e cumprir eficazmente.

São Bernardo

Vinde a mim

Vinde a mim, doce hóspede da alma!
Onipotente Espírito Paráclito,
com vosso divino poder
penetrai as profundezas do meu coração.

Vinde a mim, doce hóspede da alma.
Iluminai com o fulgor
da vossa luz reluzente
cada canto sombrio do meu coração.

Vinde a mim, dulcíssimo alívio:
visitai e fecundai com vosso orvalho
o meu espírito, tornado estéril
por uma longa aridez.

Vinde a mim, fonte de água viva.
saciai-me com a torrente do vosso amor,
para não ter mais gosto
nos vãos prazeres do mundo.

Bendito aquele que vos mereça hospedar.
convosco virão
a habitar no seu coração
o Pai e o Filho.

Vinde, estrela dos navegantes,
porto dos náufragos.
Vinde, resplendor de cada ser vivente,
dos expirantes única salvação. Amém.

Santo Anselmo de Cantuária

Vem a mim com tuas copiosas bênçãos

Ó Espírito,

Tu que perscrutas todas as coisas e reconheces toda voz, porventura o coração de teu servo buscaria outra coisa, teu pobre estaria ocupado com outra intenção que a de descobrir teu fulgor, experimentar tua bondade, e assim ter a consciência iluminada e a alma totalmente purificada?

Discorrendo sobre esses temas que são de teu conhecimento, possuem teu delicioso sabor e exalam com tanta intensidade tua fragrância suave, poderia ele desejar outra coisa que saborear tua doçura, respirar teu perfume, e moldar toda a sua vida em ti e sobre ti?

Vem, vem a mim com as tuas copiosas bênçãos, eu que sou teu servo, ao meu coração que é tua morada, onde não posso te encontrar se Tu mesmo não vens me encontrar primeiro, este local do Senhor, tabernáculo do Deus de Jacó! (Sl 131,5). Não deitarei na minha cama, não darei sono aos meus olhos, nem repouso às minhas pálpebras, enquanto eu não o tiver encontrado para ti.

Guilherme de Saint-Thierry

Deus em ti mesmo e dom para nós...

Espírito Santo que és o dom de Deus e Deus mesmo, Deus em ti mesmo e dom para nós, fazei, eu te peço, pela graça de tua morada em mim, que a alma de teu pobre servidor seja iluminada pelo conhecimento da verdade e queimada pelo fogo do amor, a fim de que, purificada pelo benefício de tua graça de todas as manchas de meus pecados, eu mereça viver, neste mundo para o bem, na eternidade para a bem-aventurança, no Corpo do qual Cristo é a cabeça.

Por Jesus Cristo nosso Senhor que vive e reina com Deus na unidade do Espírito Santo. Amém.

João de Montemedio ou "de Portes"

14
Oração da manhã

Oração da manhã

A graça do Espírito Santo ilumine os meus sentidos e fecunde o meu coração com os dons do seu íntimo amor para o seu santo serviço. Amém.

Dom Juan de Palafox

Oração para bem rezar

Espírito Santo, vinde a mim. Aclarai o meu entendimento com as vossas divinas luzes, e abrasai o meu coração com o fogo de vosso santo amor, para que eu possa fazer a minha oração com a atenção, devoção e respeito que devo ter. Amém.

Anônimo

Rezo ao despertar!

1. Vinde, Espírito Santo!
– Rezo ao despertar,
antes do trabalho cedo começar.
Eis que meus deveres cumpro facilmente,
vivo sem cuidados, doce e calmamente!

2. Vinde, Espírito Santo!
– Rezo na amargura,
entre as trevas densas de uma noite escura.
E do olhar divino vejo a luz brilhar
sempre em meu caminho, tudo a iluminar!

3. Vinde, Espírito Santo!
– Rezo com fervor,
sob o golpe rude de pungente dor.
À minh'alma logo traz consolação,
doce paz se infunde no meu coração.

4. Vinde, Espírito Santo!
– Clamo sem cessar,
quando no caminho venho a tropeçar.
Hei de bendizer-vos, hei de vos louvar,
se com vossa graça vierdes me amparar!

5. Vinde, Espírito Santo!
– Esta doce prece
vivo repetindo, desde que amanhece.
Dai-nos vossa bênção, vossa luz e amor,
no trabalho e angústia, na agonia e dor!

6. Vinde, Espírito Santo!
– Antes de expirar,
hei de novamente ainda murmurar.
Vinde, Bem Eterno, único que almejo,
pois em Vós se encerra tudo o que desejo!

7. Vinde, Espírito Santo!
– Vinde me amparar,
quando o mundo e o tempo, tudo me deixar!
Com amor ardente quero a Vós me unir
e na glória eterna sempre vos possuir!

Por uma serva anônima do Espírito Santo

15
Os puros de coração

Vem a nós

Vem a nós, Santo Espírito, e derrama-te em nossos corações. Consola com tua presença a nós que nos queixamos do mal próprio; e, aqueles que vês que vacilam, torna-os fortes em ti.

Acende em nós o fogo de teu amor, com o qual sejam removidas as manchas de nosso pecado.

Haja a verdade nos nossos lábios, a confissão no coração, o agrado nos sacrifícios, a verdadeira humildade nos jejuns.

Torna fervorosos aqueles que vês jejuando por tua vinda; e a quem falte o vigor das forças, ajuda-os comovido por esses votos e nossa abstinência.

Para que, ao sermos contemplados por ti, fogo consumidor, se elimine principalmente a ferrugem de nossos vícios e, por fim, frente a tua chegada, seja-nos concedida a plenitude da graça; de maneira que, purificando-nos agora do pecado antes de vir, possas tomar-nos, quando vieres, para que sejamos glorificados por ti. Amém.

Liturgia moçárabe

Espírito Santo, inspirai-nos!

Espírito Santo, inspirai-nos, para que pensemos santamente.

Espírito Santo, estimulai-nos, para que trabalhemos santamente.

Espírito Santo, atraí-nos, para que amemos o que é santo.

Espírito Santo, fortalecei-nos, para que defendamos o que é santo.

Espírito Santo, auxiliai-nos, para que jamais percamos o que é santo.

Espírito Santo, defendei-me, para que nunca mais perca a vossa santa graça que está em mim.

Atribuída a Santo Agostinho

16
Que descansem dos seus trabalhos

Tem piedade dos adormecidos!
Tem piedade de tua criatura,
Soberano dispensador
das graças celestes e terrestres.
Espírito, que és vida e autor da vida,
partícipe na criação com o Pai e o Filho,
nós te suplicamos, fonte de todos os bens,
que sacies e refrigeres os homens sedentos;
tem piedade de tua criatura, que com esperança
se encontra adormecida em ti.

Patriarca Nerses IV

Oração sacerdotal pelos falecidos
Ó Espírito Santo, descido do céu, e operando por nossas mãos o mistério daquele que está glorificado contigo, nós te pedimos, pela efusão de seu sangue, que concedas a paz aos nossos falecidos.

Liturgia armênia

17
Renova-me!

Renascer...

Peço-te, ó Jesus, para renascer, mas para renascer do alto.
Suplico-te para rebatizar-me e renovar-me no teu Espírito...
Que Ele seja sempre:
A inspiração dos meus pensamentos, o estímulo da minha vontade, o centro dos meus afetos, o guia das minhas palavras, o baluarte da minha esperança, o princípio e o fim de minhas ações, o amigo do coração, o companheiro da vida, o meu consolo na morte, o meu tesouro pela eternidade...
Que a minha vida seja um contínuo renascer
e crescer no Espírito. Amém.

Beata Elena Guerra

Escuta aquele que te chama e vem!

Espírito Santo, meu Senhor e meu Deus,
de ti veio o conselho da salvação humana.
Do céu trouxeste Deus ao seio de uma Virgem.
Tu és o amor pelo qual Deus se uniu a nossa carne.
Tu construíste para o Filho de Deus uma casa,
erguida sobre sete colunas, que são os sete dons.
Da raiz de Jessé brotou a flor
sobre a qual Tu mesmo devias repousar.
Deus, com nossos próprios ouvidos escutamos
contar a nossos pais a obra que fizeste,
quando como línguas de fogo,
desceste do trono divino
para fazer da terra o céu, e dos homens, filhos.
Desde então, nós, filhos adotivos, espalhados por todo o mundo,
por ti gritamos a Deus: *Abbá*! Pai!
Senhor, grandes são as tuas misericórdias.
Com renovada esperança, eu te invoco por meio delas:
selo da fé, advogado dos fiéis, luz, fogo e fonte da luz,
escuta aquele que te chama e vem.
Se és o nosso guia, veremos a face do Pai e, ao mesmo tempo,
do Filho, e te conheceremos, porque procedes de ambos,
fonte de vida e caudal da paz. Amém.

Ruperto de Deutz

18
Revela-me tua Palavra

Oração antes da leitura bíblica na liturgia

Peço-te, ó Pai, que envies teu Espírito Santo às nossas almas e nos faças compreender as Escrituras inspiradas por Ele; concede que as interpretemos com pureza e dignidade, para que todos os fiéis aqui reunidos colham frutos. Amém.

Eucológio de Serapião

Oração antes de ler o Evangelho

Vinde, Espírito Santo, preparai a minha alma para receber o Santo Evangelho. Dai a ela terra boa, para que essa divina semente seja nela bem recebida, que brote, cresça e frutifique. Amém.

Anônimo

Quando eu explicar a tua Palavra...

Eu suplico à tua soberania imutável, assaz poderosa,
ó Espírito poderoso,
envia o orvalho de tua suavidade;

concede a meu coração e meu espírito
que domine sobre os sentidos,
a benéfica plenitude das graças que procedem
de tua abundante misericórdia.

Ara o campo ponderado de meu coração endurecido,
para acolher e fazer frutificar a tua semente espiritual.

Confessamos que é por tua suprema sabedoria
que todos os dons crescem e florescem em nós.
És Tu que consagras os apóstolos,
inspiras os profetas,
instruis os doutores,
fazes os mudos falarem,
e abres os ouvidos dos surdos.

É porque aquele que tem a mesma natureza que Tu,
aquele que é consubstancial ao Pai,
aquele que é o Filho primogênito,
e por tua cooperação realizou todas essas coisas,
Ele te confessou "Deus", igual a essência do Pai.

Concede a graça também a mim, pecador,
de falar com segurança
do mistério vivificante da Boa-Nova de teu Evangelho.
De peregrinar pela senda e o voo rápido do espírito
através dos espaços infinitos dos Testamentos, inspirados por ti.

E, quando eu começar a explicar a tua Palavra em público,
que tua misericórdia me preceda,
falando-me interiormente no momento oportuno
o que é digno, útil e agradável a ti,
para a glória e louvor de tua divindade,
e para a plena edificação da Igreja Católica.

Estende sobre mim tua destra muito íntima,
e fortalece-me pela graça de tua compaixão;
dissipa de meu espírito a sombria névoa do esquecimento,
dispersando com ela as trevas do pecado,
a fim de me elevar, com a perspicácia de meu entendimento,
das realidades terrenas às celestiais.

Irradia de novo no meu interior,
a aurora surpreendente e sem sombra
do conhecimento de tua divindade, ó poderoso,
para que eu seja digno de fazer e ensinar,
sendo um bom exemplo aos ouvintes, amigos de Deus.

A ti toda a glória, com o Pai todo-poderoso e o Filho único e benfeitor, agora e pelos séculos sem fim. Amém.

São Gregório de Narek, doutor da Igreja

Manda o Espírito sobre a terra!

Adorável, tremendo, bendito, aquele que foi dado a nós: envia teu Espírito, Senhor, e tudo será criado, e renovarás a face da terra.

Na verdade, não é no dilúvio das grandes águas, na desordem e na confusão de paixões tão numerosas, tão diversas, que alguém se aproxima de Deus. Senhor, aquela catástrofe, castigo dos filhos de Adão, já tem durado demais.

Manda o Espírito sobre a terra; que o mar se retire, que se retire o excesso de sal da antiga condenação, e que apareça o árido, que tem sede da fonte de vida.

Que venha a pomba, o Espírito Santo, após soltar o pássaro totalmente negro, debruçado sobre seus cadáveres.

Que venha a pomba com o raminho de oliveira, o raminho de recomeço e de luz, anunciando a paz.

Que nos santifiquem a tua santidade e a tua santificação; que nos una à tua unidade; e a Deus, que é caridade, nós seremos associados, como em afinidade e parentesco, pelo nome de "caridade"; pela virtude desse nome, estaremos unidos a Ele.

Guilherme de Saint-Thierry

Concede-me...

Vem, ó Espírito Santo,
ao meu interior, ao meu coração
e ao meu entendimento!

Concede-me o teu entendimento,
para que eu possa conhecer o Pai
meditando a palavra do Evangelho!

Concede-me o teu ardor,
para que, ainda hoje, estimulado pela tua palavra,
te busque nos acontecimentos e nas pessoas
que encontrei!

Concede-me a tua sabedoria,
para que eu saiba viver e julgar,
à luz da Palavra, o que hoje vivi!

Concede-me a perseverança,
para que penetre, com paciência,
a mensagem de Deus no Evangelho!

Concede-me a tua confiança,
para que eu seja capaz de estar, desde já,
em comunhão misteriosa com Deus,
esperando imergir nele na vida eterna
onde a sua Palavra por fim será revelada
e plenamente realizada! Assim seja!

Santo Tomás de Aquino

Ilumina os crentes com a Palavra!

Espírito Santo,
santa luz, local seguro de refúgio:
Ilumina os crentes com a Palavra.
Dá-nos o verdadeiro conhecimento de Deus
e a alegria de chamá-lo de Pai.
Preserva-nos, ó Santo, dos erros,
para que Cristo seja o nosso único Mestre,
e aderindo a Ele graças a uma fé reta
nele confiemos de todo o coração. Amém.

Martinho Lutero

Oração antes de leitura bíblica

Ó Espírito Divino, como nossa pobreza de espírito poderá compreender tão alta doutrina, se Vós, Luz incriada e divina, não expulsais as densas trevas de nossa tarda ignorância?

"Mestre dos humildes" vos chama, Senhor, vosso grande servo Agostinho: *Humilium Doctor*. Confessamos, meu Deus, nossa indignidade. Não merecemos, nem por sombras, vossa assistência soberana. Mas, apesar de nossa incapacidade, vinde a nossas almas, para ilustrá-las com a luz do céu, para iluminá-las com os raios límpidos e ardentes de vossa divina graça. Amém.

Frei João de Jesus Maria

Tu que vieste uma vez...

Vem, Santo Espírito,
enche os corações daqueles que creem em ti.
Tu que vieste uma vez para fazer-nos crentes,
vem novamente para tornar-nos bem-aventurados.
Tu que vieste uma vez para que,
com o teu auxílio e o teu dom, pudéssemos rejubilar-nos
na esperança da glória dos filhos de Deus,
vem novamente para que possamos rejubilar-nos
na realização dessa esperança.
Vem, leva à perfeição
a obra que começaste a realizar em nós.
Sê realmente Tu a confirmar, a consolidar,
a aperfeiçoar e a levar à plenitude.
O Pai nos criou, o Filho nos redimiu,
termina, pois, a tua obra.
Vem para nos levar à verdade plena,
à visão do Pai,
à alegria das alegrias. Amém.

Gualtiero de São-Vitor

19
Sede santos

Ó Espírito Santo, amigo dos sacerdotes!

Ó Espírito Santo, amigo dos sacerdotes, enviai a todos os sacerdotes diariamente vossos sete dons, a fim de que tenham uma vida digna de sua santa vocação e se façam tudo para todos, para ganhar a todos para o céu. Dai-lhes paciência para com as crianças, compaixão para com os enfermos, humildade para com os pobres, franqueza para com os inimigos de vossa santa Igreja. Fazei-os infatigáveis no ensino, incansáveis no tribunal da Penitência, liberais na administração da Sagrada Comunhão. Tornai-os terríveis para o inferno e para todos os asseclas infernais, e mensageiros de paz para todas as almas de boa vontade. A vossa bênção os acompanhe por toda parte. Vossa santa paz esteja sempre com eles. Quem eles abençoarem seja também abençoado por Vós. Fazei-os apóstolos e santos. Amém.

Por uma serva anônima do Espírito Santo

20
Súplica pelos dons, frutos e carismas

Derrama sobre nós os teus carismas

Espírito que distribuis a cada um os teus carismas; Espírito de sabedoria e de ciência, amante dos homens, que enches os profetas, aperfeiçoas os apóstolos, fortaleces os mártires, inspiras o ensinamento dos sábios.

A ti, Deus Paráclito, dirigimos a nossa oração misturada com o incenso aromático e te pedimos que nos renoves com os teus dons sagrados. Desce sobre nós como o fizeste sobre os apóstolos no Cenáculo.

Derrama sobre nós os teus carismas, enche-nos com a sabedoria de tua doutrina; torna-nos templos de tua glória, embriaga-nos com o vinho de tua graça.

Concede-nos viver para ti, obedecer-te e adorar-te, Tu, o Deus puro e santo, ó Espírito Paráclito. Amém.

Pontifical siríaco

Sequência de Pentecostes – I

Vinde, Santo Espírito,
enviai do céu
um raio da vossa luz.

Vinde, Pai dos pobres,
vinde, doador dos dons,
vinde, lume dos corações.

Consolador sublime,
doce hóspede da alma,
suave frescor.

No trabalho descanso,
frescor na secura,
consolo no pranto.

Ó luz beatíssima!
Enchei de resplendor
o vigor dos vossos fiéis.

Sem vosso poder,
nada há de bom no homem,
nada de puro há nele.

Purificai o impuro,
regai o árido,
sarai o ferido.

Abrandai o duro coração,
Afervorai o coração frio,
encaminhai o extraviado.

Dai aos fiéis
que em vós confiam,
os sete dons sagrados.

Dai-lhes da virtude o prêmio.
Dai-lhes venturosa morte;
Dai-lhes eterno bem.
Amém.

Inocêncio III, versão própria

Sequência de Pentecostes – II

Vem, Espírito Santo,
e envia do céu
um raio de tua luz.

Vem, Pai dos pobres,
Vem, dador dos dons,
Vem, luz dos corações.

Ótimo Consolador,
Doce hóspede da alma,
Doce refrigério nosso.

Descanso no trabalho,
Frescor no estio,
No pranto alívio.

Ó beatíssima Luz!
Enche o mais recôndito
Do coração de teus fiéis.

Sem tua santa inspiração,
Nada há no homem,
Nada há que seja puro.

Lava o que está sujo,
Rega o que está seco,
Sara o que está ferido.

Doma o que é rígido,
Tempera o que está frio,
Rege o que se extraviou.

Concede a todos os teus fiéis,
Que só em ti confiam,
Teu sagrado septenário.

Dá da virtude o mérito,
Dá um término ditoso,
E dá o perene gozo.
Amém. Aleluia.

Versão de Dom Prosper-Louis-Pascal Guéranger

Epiclese de crisma

Oh, Santo Espírito, Deus onipotente, tu és coeterno com o Pai e o Filho e a eles unido na majestade de uma indivisível natureza. Tu, após a ressurreição de nosso Senhor e Redentor, já te havias estabelecido no coração dos apóstolos pela inefável santidade de sua paz; e Tu, para completar também por ti mesmo a aliança da promessa paterna, iluminaste, após a ascensão, seu sublime cenáculo com a luz de chamas ardentes; e, pousando nas cabeças dos já consagrados, deste existir, por fim, a um novo mundo, mediante línguas de fogo enaltecidas com variados idiomas. Ou descendo pela súplica daqueles, ou eles comunicando-te pela imposição de mãos, brilhaste após a cândida cerimônia do Batismo pela plena efusão de teu crisma salutar.

De ti procede a fé, em ti se aumenta a fé e por ti é fortalecida a fé. Em ti está o conhecimento da nova vida, por ti a purificação da vida velha e, sob o teu magistério, infunde-se a plenitude da ciência vital da verdadeira vida, através da vida. Tu, pastagem das almas, Tu, doçura dos crentes, és o tesouro invisível dos justos, por cuja intercessão suplicamos clemência para que santifiques estes teus servos e servas com aquela bênção própria de tuas visitas, com a qual, mediante teus sinais, brilhaste nos apóstolos de forma assombrosa.

Dá-lhes, Senhor, sabedoria, pela qual calquem a estupidez que embrutece e se afastem da odiosa astúcia do mundo.

Dá-lhes entendimento, pelo qual eles guardem o remédio dos celestes mandamentos e neutralizem o veneno das víboras espirituais.

Dá-lhes conselho, para que reconheçam que Tu és o que és e eles são o que são, e queiram que neles haja a capacidade de te agradar em todas as coisas.

Dá-lhes fortaleza para que resistam e apaguem os dardos do maligno, saibam brandir armas vitoriosas contra o perverso inimigo e não cessem de lutar.

Dá-lhes ciência, para que tenham fome de te conhecer e não tenham de lamentar o que desconhecem.

Dá-lhes piedade que é reconhecida como útil para alcançar tudo o que é salutar.

Dá-lhes temor para que, ao temer a ti onde não há motivo de temor, nada mais tenham de temer.

Concede-lhes perpetuamente o remédio de tua graça, para que aqueles que já se viram libertos da verdadeira chaga não incidam nela pela segunda vez; e aqueles que renasceram na fonte do santo Batismo não pereçam pelo mal das discórdias; e aqueles que foram ungidos com o crisma da divina unção não se emporcalhem com o excremento do pecado: a fim de que teu fogo, que é vivificante e cioso, afaste deles o torpor da fraqueza carnal e desperte a força da vigilância espiritual. Que ele queime os dardos hostis, proporcione armas gloriosas, faça arder o coração dos renascidos e apague os incêndios das más paixões; para que teu fogo, mantendo neles a intensidade de sua força, faça prevalecer a chama de teu amor, e pelo qual te confessem e creiam verdadeiro Deus trino, não triplo; único, não solitário, e vivam para contigo reinar pelos séculos dos séculos. Amém.

Liturgia moçárabe

Conserva em nós o dom do temor

Espírito Divino, conserva em nós o dom do temor de Deus que nos concedeste no Batismo. Esse temor assegurará nossa perseverança até o fim, detendo os avanços do espírito do orgulho.

Que ele seja como um dardo que atravesse nossa alma de ponta a ponta, e permaneça sempre fixo nela como nossa proteção; que abata a nossa soberba e nos preserve do abatimento, revelando-nos continuamente a grandeza e a santidade com a qual nos criaste e pela qual deves nos julgar.

Sabemos, Espírito Divino, que este bendito temor não sufoca o amor; antes remove os obstáculos que impediriam o seu desenvolvimento. As virtudes celestiais veem e amam ao soberano Bem com ardor, estão inebriadas dele por toda a eternidade; apesar disso tudo, tremam ante a sua tremenda majestade, *tremunt potestates*. E nós, cobertos pelas cicatrizes do pecado, cheios de imperfeição, expostos a mil ardis, obrigados a lutar com tantos inimigos, não devemos sentir a necessidade de estimular por um temor forte e filial ao mesmo tempo, nossa vontade que adormece tão facilmente, nosso espírito ao qual rodeiam tantas trevas?

Preserva em nós tua obra, Divino Espírito, o precioso dom que te dignaste nos conceder. Ensina-nos a conciliar a paz e a alegria do coração com o temor de Deus, segundo a advertência do salmista: "Servi ao Senhor com temor, e estremecereis de alegria tremendo diante dele".

Dom Próspero Guéranger

Oração pedindo o dom da piedade

Senhor, por este benefício inefável do dom da piedade, neutralizas o nefasto egoísmo que murcha o coração humano, o libertas da odiosa aridez que o torna indiferente com seus irmãos, e fechas a sua alma à inveja e ao rancor. Por isso, o homem tem necessidade dessa piedade filial para com seu Criador. Ela amolece o seu coração, que se funde em uma viva afeição por tudo o que sai das mãos de Deus.

Senhor, faz que frutifique em nós tão precioso dom. Não permitas que ele seja sufocado pelo nosso amor-próprio. Jesus nos animou dizendo que seu Pai celestial faz sair o sol sobre bons e maus. Não consintas, Paráclito divino, que indulgência tão paternal seja exemplo perdido, e digna-te desenvolver em nossas almas este gérmen de sacrifício, de benevolência e de compaixão que colocaste ali quando tomavas posse dela pelo Batismo. Amém.

Dom Próspero Guéranger – Adaptado

Oração pedindo o dom da ciência

Sê bendito, Espírito Santo, por esta luz que derramas sobre nós e que manténs com tão amável constância. Jamais permitas que busquemos outra, ela nos basta; sem ela, tudo são densas trevas. Liberta-nos das tristes contradições pelas quais muitos se deixam seduzir de forma leviana. Num dia, aceitam a tua direção, e no seguinte, entregam-se aos prejuízos do mundo, levando uma vida dupla que não satisfaz nem ao mundo nem a ti.

Precisamos, pois, do amor a esta ciência que Tu nos tens concedido, se queremos ser salvos. O inimigo de nossas almas inveja em nós esta ciência salvadora; quisera suplantá-la com suas trevas. Não permitas, Espírito Santo, que ele realize seus pérfidos desígnios e auxilia-nos sempre a discernir o falso do verdadeiro, o justo do injusto. Que, conforme a palavra de Jesus, nosso olho seja simples, para que nosso corpo inteiro, isto é, o conjunto de nossas ações, de nossos desejos e de nossos pensamentos se realize na luz. Liberta-nos desse olho que Jesus chama de "mau" e que envolve em trevas todo o corpo. Amém.

Dom Próspero Guéranger

Oração pedindo o dom da fortaleza

Espírito de fortaleza, que cada dia moras mais em nós, preserva-nos da sedução de nossa época! Em nenhum período foi tão fraca a energia das almas, nem tão poderoso o espírito do mundo, nem tão insolente o sensualismo, nem tão manifesto o orgulho e a rebeldia. Ser forte consigo mesmo é hoje algo tão singular que desperta a admiração daqueles que são testemunhas: quanto terreno vão perdendo as máximas do Evangelho!

Detém-nos nesta ladeira que nos arrastará, como a tantos outros, ó Espírito Divino! Permite que te dirijamos, em pleito suplicante, os votos que Paulo fazia pelos cristãos de Éfeso e que possamos reivindicar de tua nobreza esta "armadura divina", "para que possamos resistir nos dias maus e permanecer perfeitos em tudo. Cinge nossa cintura com a verdade, reveste-nos da couraça da justiça e coloca em nossos pés o Evangelho da paz com um calçado imperecível. Arma-nos a todo momento com o escudo da fé, com o qual possamos apagar os dardos inflamados do inimigo maligno. Cobre nossa cabeça com o elmo da salvação, e põe em nossa mão a espada do espírito, que é a Palavra de Deus". Com esse auxílio poderemos derrotar a todos os inimigos, assim como o Senhor fez no deserto. Espírito de Fortaleza, que assim seja.

Dom Próspero Guéranger

Oração pedindo o dom do conselho

Espírito Divino, que nos encontres libertos de pensamentos mundanos e convencidos de nossa fragilidade, para que sejas nosso Conselheiro. Ó Espírito Divino, que isso se realize conosco! Ademais, sabemos por experiência que é menos vantajoso seguir os riscos da prudência humana e renunciamos diante de ti às pretensões de nosso espírito, tão propenso a ficar impressionado e a criar ilusões.

Digna-te conservar e desenvolver em nós, com toda a liberdade, este dom inefável que nos concedeste no Batismo. Sede sempre nosso conselho. Faz com que conheçamos os teus caminhos, e ensina-nos as tuas veredas. Guia-nos na verdade e ensina-nos; pois a salvação virá de ti e por isso obedecemos a tua lei. Sabemos que seremos julgados por todas as nossas obras e pensamentos, mas sabemos também que não há porque temer, enquanto formos fiéis a teus mandamentos. Com atenção, escutaremos o que diz o Senhor nosso Deus, ao Espírito de conselho: fale-nos diretamente, ou por meio do órgão que nos preparou.

Bendito seja Jesus, que nos enviou seu Espírito para ser nosso guia! E bendito seja este Divino Espírito, que sempre se digna a nos assistir e ao qual nossas resistências passadas não o afastaram de nós! Amém.

Dom Próspero Guéranger

Súplica pelos sete dons do Espírito Santo

Vinde, ó Espírito de sabedoria, porque a multidão dos filhos de Adão – caída em tamanha insensatez de apreciar mais os bens temporais do que os eternos – necessita ser chamada novamente por Vós a uma mais sábia ponderação; assim, infundi em todas as almas, ó Santo Espírito, amor e gozo pelos bens eternos, e a graça de sempre vos preferir aos bens temporais.

Pai-nosso, Ave-Maria e Glória-ao-Pai.

Vinde, ó Espírito de entendimento, vinde para extinguir as trevas do erro e da ignorância da mente dos filhos dos homens, e ilustrá-la com os esplendores da verdade celeste. Oh! Elevai-a com santos pensamentos até ao céu, onde encontrará pastagem verdadeira e santo repouso em Deus.

Pai-nosso, Ave-Maria e Glória-ao-Pai.

Vinde, ó Espírito de conselho, e tende piedade de tantos desviados e errantes que trilham os caminhos da perdição. Oh! Fazei-os sentir os salutares impulsos da vossa graça, tornai-os dóceis às vossas inspirações e reconduzi-os aos caminhos da eterna salvação.

Pai-nosso, Ave-Maria e Glória-ao-Pai.

Vinde, ó Espírito de fortaleza, e socorrei a tantas almas abatidas; arrastai à ruína esse espírito perverso que ora impera na sociedade humana. Vinde e a todos infundi aquela santa fortaleza de que necessitamos para combater e vencer os nossos inimigos espirituais.

Pai-nosso, Ave-Maria e Glória-ao-Pai.

Vinde, ó Espírito de ciência, e por amor reconduzi todos os cristãos aos teus santos ensinamentos – agora, infelizmente, tão negligenciados – e fazei que nós, seguindo-vos, ó infalível Mestre das almas, coloquemos em prática as vossas santas instruções e cheguemos venturosos ao porto da salvação.

Pai-nosso, Ave-Maria e Glória-ao-Pai.

Vinde, ó Espírito de piedade que habitais nos corações puros e fervorosos; vinde, e com vosso sopro onipotente expulsai do nosso coração qualquer afeição viciosa, acendei os vossos santos ardores e estabelecei em nós, ó dulcíssimo Hóspede da alma, a vossa eterna morada.

Pai-nosso, Ave-Maria e Glória-ao-Pai.

Vinde, ó Espírito de santo temor, e infundi no coração dos homens aquele filial e amoroso temor de Deus que abre o caminho à verdadeira sabedoria; e fazei que esse santo temor regule e governe a nossa vontade e que nos obrigue a fugir do pecado a qualquer custo, para não mais entristecer o coração do Pai celeste.

Pai-nosso, Ave-Maria e Glória-ao-Pai.

Vinde, Espírito Santo, para renovar a face da terra.

Beata Elena Guerra

Súplica pelos doze frutos do Espírito Santo

Ó Espírito eterno, luz, verdade, amor e bondade infinita, que habitando, qual hóspede dulcíssimo, na alma cristã, a capacitais para produzir frutos de santidade, os quais derivando de Vós – ó princípio sempre fecundo da vida sobrenatural –, chamam-se justamente "frutos do Espírito Santo"; nós, almas estéreis, vos suplicamos a infundir em nós a vitalidade e a fecundidade que produz e madurece os vossos santos frutos. Amém.

Vinde, ó fogo do paraíso, ó sopro da divindade, e fazei que em nós amadureçam frutos de castidade perfeita.

Vinde, ó fogo do paraíso, ó sopro da divindade, e fazei que em nós amadureçam frutos de angélica continência.

Vinde, ó fogo do paraíso, ó sopro da divindade, e fazei que em nós amadureçam frutos de modéstia cristã.

Vinde, ó fogo do paraíso, ó sopro da divindade, e fazei que em nós amadureçam frutos de produtiva e constante fidelidade.

Vinde, ó fogo do paraíso, ó sopro da divindade, e fazei que em nós amadureçam frutos de celestial mansidão.

Vinde, ó fogo do paraíso, ó sopro da divindade, e fazei que em nós amadureçam frutos de santa longanimidade.

Vinde, ó fogo do paraíso, ó sopro da divindade, e fazei que em nós amadureçam frutos de verdadeira e constante bondade.

Vinde, ó fogo do paraíso, ó sopro da divindade, e fazei que em nós amadureçam frutos de sobrenatural benignidade.

Vinde, ó fogo do paraíso, ó sopro da divindade, e fazei que em nós amadureçam frutos de tranquila e generosa paciência.

Vinde, ó fogo do paraíso, ó sopro da divindade, e fazei que em nós amadureçam frutos de celeste paz.

Vinde, ó fogo do paraíso, ó sopro da divindade, e fazei que em nós amadureçam frutos de santa e permanente alegria.

Vinde, ó fogo do paraíso, ó sopro da divindade, e fazei que em nós amadureçam frutos de caridade divina.

Beata Elena Guerra

Súplica pelos dons e frutos do Espírito Santo

Vinde, Espírito Santo, enchei os corações dos vossos fiéis, e acendei neles o fogo do vosso amor!

Ó Espírito Santo! Concedei-me o dom do temor de Deus, para que eu sempre me lembre com suma reverência e profundo respeito da vossa divina presença, trema, como os mesmos anjos diante de vossa divina majestade, e nada receie tanto como desagradar aos vossos santos olhos.

Glória-ao-Pai.

Ó Espírito Santo! Concedei-me o dom da piedade, que me tornará delicioso o trato e colóquio convosco na oração, e me fará amar a Deus com íntimo amor como a meu Pai, a Maria Santíssima como a minha Mãe, e a todos os homens como a meus irmãos em Jesus Cristo.

Glória-ao-Pai.

Ó Espírito Santo! Concedei-me o dom da ciência, para que eu conheça cada vez mais a minha própria miséria e fraqueza, a beleza da virtude e o valor inestimável da alma e para que sempre veja claramente as ciladas do demônio, da carne e do mundo, para poder evitá-las.

Glória-ao-Pai.

Ó Espírito Santo! Concedei-me o dom da fortaleza, para que eu despreze o respeito humano fugindo do pecado, pratique a virtude com santo fervor, e suporte com paciência e mesmo com alegria de espírito os desprezos, prejuízos, perseguições e a própria morte, antes que renegar por palavras e por obras ao meu amantíssimo Senhor Jesus Cristo.

Glória-ao-Pai.

Ó Espírito Santo! Concedei-me o dom do conselho, tão necessário em tantos passos melindrosos da vida, para que sempre escolha o que mais vos agrada e siga em tudo a vossa divina graça, e com bons e caridosos conselhos socorra ao próximo.

Glória-ao-Pai.

Ó Espírito Santo! Concedei-me o dom da inteligência, para que eu, iluminado pela luz celeste de vossa graça, entenda bem as sublimes verdades da salvação e os ensinamentos da santa Igreja.

Glória-ao-Pai.

Ó Espírito Santo! Concedei-me o dom da sabedoria, a fim de que eu, cada vez mais, goste das coisas divinas e, abrasado no fogo de vosso amor, prefira com alegria as coisas do céu a tudo que é mundano, e me una para sempre a Jesus, sofrendo tudo neste mundo por seu amor.

Glória-ao-Pai.

Vinde, Espírito Criador, visitai-me e enchei com a divina graça o meu coração que Vós criastes. Vinde e repousai sobre mim, Espírito de sabedoria e inteligência, Espírito do conselho e fortaleza, Espírito de ciência e piedade e de temor de Deus. Vinde, Espírito Divino, ficai comigo e derramai sobre mim as vossas divinas bênçãos.

Ó Espírito Santo, Amor eterno do Pai e do Filho, dignai-vos também me conceder os vossos doze frutos: o fruto da caridade, que me una intimamente convosco pelo amor; o fruto do gozo, que me encha de santa consolação; o fruto da paz, que produza em mim a tranquilidade da alma; o fruto da paciência, que me faça sofrer tudo por amor de Jesus e Maria; o fruto da benignidade, que me leve a socorrer de boa vontade as necessidades dos que sofrem; o fruto da bondade, que me torne benfazejo e clemente a todos; o fruto da longanimidade, que me faça esperar com paciência em qualquer demora; o fruto da brandura, que me faça suportar com toda a mansidão as fraquezas do próximo; o fruto da fé, que me faça crer firmemente na Palavra de Deus; o fruto da modéstia, que regule todo o meu exterior; enfim, os frutos da continência e castidade, que conservem as minhas mãos inocentes e o meu coração limpo e puro.

Ó Espírito Divino, fazei que minha alma seja para sempre vossa morada, e o meu corpo vosso sagrado templo. Habitai em mim e ficai comigo na terra, para que eu mereça ver-vos eternamente no reino da glória. Amém.

Por um brasileiro anônimo

21
Ladainha completa ao Espírito Santo

Senhor, tende piedade de nós.
Jesus Cristo, tende piedade de nós.
Senhor, tende piedade de nós.

Espírito Santo, ouvi-nos.
Espírito Paráclito, atendei-nos.
Deus Pai dos céus, tende piedade de nós.
Deus Filho, redentor do mundo, tende piedade de nós.
Deus Espírito Santo, tende piedade de nós.
Santíssima Trindade, que sois um só Deus, tende piedade de nós.

Espírito de verdade, tende piedade de nós.
Espírito de sabedoria, tende piedade de nós.
Espírito de inteligência, tende piedade de nós.
Espírito de fortaleza, tende piedade de nós.
Espírito de piedade, tende piedade de nós.

Espírito de bom conselho, tende piedade de nós.
Espírito de ciência, tende piedade de nós.
Espírito de santo temor, tende piedade de nós.
Espírito de caridade, tende piedade de nós.
Espírito de alegria, tende piedade de nós.
Espírito de paz, tende piedade de nós.
Espírito de paciência, tende piedade de nós.
Espírito de benignidade, tende piedade de nós.
Espírito de bondade, tende piedade de nós.
Espírito de longanimidade, tende piedade de nós.
Espírito de mansidão, tende piedade de nós.
Espírito de fé, tende piedade de nós.
Espírito de esperança, tende piedade de nós.
Espírito de modéstia, tende piedade de nós.
Espírito de continência, tende piedade de nós.
Espírito de castidade, tende piedade de nós.
Espírito de humildade, tende piedade de nós.
Espírito de prudência, tende piedade de nós.
Espírito de vida, tende piedade de nós.
Espírito de salvação, tende piedade de nós.
Espírito de todas as virtudes, tende piedade de nós.
Espírito de toda graça, tende piedade de nós.
Espírito de adoção dos filhos de Deus, tende piedade de nós.
Purificador de nossas almas, tende piedade de nós.
Santificador e Guia da Igreja Católica, tende piedade de nós.
Distribuidor dos dons celestes, tende piedade de nós.

Conhecedor dos pensamentos e intenções dos corações, tende piedade de nós.

Proteção segura em toda adversidade, tende piedade de nós.

Doçura dos que começam a vos servir, tende piedade de nós.

Vigor dos que progridem em Vós, tende piedade de nós.

Coroa dos perfeitos, tende piedade de nós.

Alegria dos anjos, tende piedade de nós.

Luz dos patriarcas, tende piedade de nós.

Inspiração dos profetas, tende piedade de nós.

Palavra e sabedoria dos apóstolos, tende piedade de nós.

Vitória dos mártires, tende piedade de nós.

Ciência dos confessores, tende piedade de nós.

Pureza das virgens, tende piedade de nós.

Unção de todos os santos, tende piedade de nós.

Sede-nos propício, perdoai-nos, Espírito Santo.

Sede-nos propício, atendei-nos, Espírito Santo.

De todo o mal, livrai-nos, Espírito Santo.

De todo o pecado, livrai-nos, Espírito Santo.

De todas as tentações e ciladas do diabo, livrai-nos, Espírito Santo.

De toda presunção e desesperação, livrai-nos, Espírito Santo.

Do ataque à verdade conhecida, livrai-nos, Espírito Santo.

Da inveja da graça fraterna, livrai-nos, Espírito Santo.

De toda a obstinação e impenitência, livrai-nos, Espírito Santo.

De toda a negligência e tibieza do espírito, livrai-nos, Espírito Santo.

De toda a impureza da mente e do corpo, livrai-nos, Espírito Santo.

De todas as heresias e erros, livrai-nos, Espírito Santo.

De todo mau espírito, livrai-nos, Espírito Santo.

Da morte má e eterna, livrai-nos, Espírito Santo.

Pela vossa eterna processão do Pai e do Filho, livrai-nos, Espírito Santo.

Pela milagrosa conceição do Filho de Deus, livrai-nos, Espírito Santo.

Pela vossa descida sobre Cristo batizado, livrai-nos, Espírito Santo.

Pela vossa santa aparição na transfiguração do Senhor, livrai-nos, Espírito Santo.

Pela vossa vinda sobre os discípulos de Cristo, livrai-nos, Espírito Santo.

No dia do juízo, livrai-nos, Espírito Santo.

Embora sejamos pecadores, nós vos pedimos, ouvi-nos.

Para que nos perdoeis de todo pecado, nós vos pedimos, ouvi-nos.

Para que vos digneis vivificar e santificar todos os membros da Igreja, nós vos pedimos, ouvi-nos.

Para que vos digneis reunir todos os povos na unidade da fé católica, nós vos pedimos, ouvi-nos.

Para que vos digneis acompanhar-nos e prevenir-nos com a vossa graça santa e eficaz, nós vos pedimos, ouvi-nos.

Para que vos digneis conceder-nos o dom da verdadeira piedade, devoção e oração, nós vos pedimos, ouvi-nos.

Para que vos digneis guiar e santificar a todos os nossos pensamentos, palavras e ações, nós vos pedimos, ouvi-nos.

Para que vos digneis conceder-nos a verdadeira humildade e a série de todas as outras virtudes, nós vos pedimos, ouvi-nos.

Para que vos digneis aumentar em nós o desejo da santa pobreza, nós vos pedimos, ouvi-nos.

Para que vos digneis cultivar em nós o dom da branda paciência, nós vos pedimos, ouvi-nos.

Para que nos concedais aspirar continuamente à verdadeira justiça, nós vos pedimos, ouvi-nos.

Para que vos digneis inspirar-nos sinceros afetos de misericórdia e caridade, nós vos pedimos, ouvi-nos.

Para que vos digneis criar em nós um espírito novo e um coração puro, nós vos pedimos, ouvi-nos.

Para que vos digneis conceder-nos a verdadeira paz e tranquilidade no coração, nós vos pedimos, ouvi-nos.

Para que nos façais dignos e fortes para suportar as perseguições pela justiça, nós vos pedimos, ouvi-nos.

Para que vos digneis confirmar-nos em vossa graça, nós vos pedimos, ouvi-nos.

Para que nos recebais no número dos vossos eleitos, nós vos pedimos, ouvi-nos.

Para que vos digneis atender-nos, nós vos pedimos, ouvi-nos.

Espírito de Deus, nós vos pedimos, ouvi-nos.

Cordeiro de Deus que tirais os pecados do mundo, derramai sobre nós o Espírito Santo.

Cordeiro de Deus que tirais os pecados do mundo, mandai-nos o Espírito prometido do Pai.

Cordeiro de Deus que tirais os pecados do mundo, dai-nos o Espírito bom.

Espírito Santo, ouvi-nos

Espírito Paráclito, atendei-nos

Senhor, tende piedade de nós

Jesus Cristo, tende piedade de nós

Senhor, tende piedade de nós

Pai-nosso.

V. Enviai o vosso Espírito e tudo será criado,
   R. e renovareis a face da terra.

V. Criai em mim um coração puro, ó Senhor;
   R. e renovai em mim um espírito reto.

V. Não me afasteis de vossa face;
   R. nem retireis de mim o vosso Santo Espírito.

V. Dai-me a alegria da vossa salvação;
   R. e confirmai-me com um espírito generoso.

V. Escutai, Senhor, a minha oração;
   R. e chegue até Vós o meu clamor.

Oração

Senhor nosso Deus, que pela luz do Espírito Santo instruístes neste dia o coração dos vossos fiéis, fazei-nos dóceis ao mesmo Espírito, para que apreciemos o que é justo e nos alegremos sempre com a sua consolação. Amém.

(Nós vos pedimos, ó Senhor, que o Espírito Paráclito que de Vós procede, ilumine o nosso entendimento e o conduza à verdade plena, tal como vosso Filho o prometeu.

Senhor, nós vos pedimos, que a virtude do Espírito Santo esteja sempre conosco e que, em vossa bondade, ela nos purifique os corações e nos defenda de toda adversidade.

Ó Deus, para o qual todo coração está aberto e toda vontade é manifesta, e ao qual nenhum segredo está oculto, purificai os pensamentos de nosso coração pela infusão do Espírito Santo, para que mereçamos vos amar perfeitamente, e dignamente vos louvar.

Onipotente e sempiterno Deus, mediante o vosso Espírito se rege e se santifica todo o corpo da Igreja, ouvi-nos: nós vos suplicamos pelos fiéis de qualquer dignidade ou estado, para que com o dom da vossa graça eles vos sirvam com fidelidade. Por nosso Senhor Jesus Cristo, vosso Filho, que convosco vive e reina na unidade do Espírito Santo por todos os séculos dos séculos. Amém.)

Santos Padres

22
Ofício breve ao Espírito Santo

Ofício das leituras (*Matutinum*)
Pai-nosso e Ave-Maria.

V. A graça do Espírito Santo

R. Ilumine os nossos pensamentos e os nossos corações;

V. Abri os meus lábios, ó Senhor,

R. E minha boca anunciará vosso louvor.

V. Vinde, ó Deus, em meu auxílio,

R. Socorrei-me sem demora.

V. Glória ao Pai e ao Filho e ao Espírito Santo. * Como era no princípio, agora e sempre e por todos os séculos dos séculos. Amém.

(No Tempo Pascal se diz "Aleluia!"; da Quaresma até a Páscoa, "Louvor a Vós, ó Cristo, Rei da eterna glória".)

Hino

A nós do Espírito Santo a graça seja dada;
Da qual foi das virgens a Virgem adornada;
Quando do anjo santo foi esta saudada;
O Verbo se fez carne, foi a Virgem fecundada.

V. Vinde, ó Espírito Santo, enchei os corações de vossos fiéis, e abrasai neles o fogo de vosso amor;
R. Enviai o vosso Espírito e tudo será criado, e renovareis a face da terra.

Oração

Senhor, nós vos pedimos, que a virtude do Espírito Santo esteja sempre conosco, e que, em vossa bondade, ela nos purifique os corações e nos defenda de toda adversidade. Por nosso Senhor Jesus Cristo, vosso Filho, que convosco vive e reina na unidade do Espírito Santo por todos os séculos dos séculos. Amém.

Laudes (*Prima*)

Pai-nosso e Ave-Maria.

V. A graça do Espírito Santo
R. Ilumine os nossos pensamentos e os nossos corações;
V. Abri os meus lábios, ó Senhor,
R. E minha boca anunciará vosso louvor.
V. Vinde, ó Deus, em meu auxílio,
R. Socorrei-me sem demora.

V. Glória ao Pai e ao Filho e ao Espírito Santo. * Como era no princípio, agora e sempre e por todos os séculos dos séculos. Amém.

(No Tempo Pascal se diz "Aleluia!"; da Quaresma até a Páscoa, "Louvor a Vós, ó Cristo, Rei da eterna glória".)

Hino
De Maria Virgem foi Cristo nascido;
Foi crucificado, morto e sepultado;
Aos discípulos ressurgindo se tem mostrado;
E à vista deles aos céus é elevado.

V. Vinde, ó Espírito Santo, enchei os corações de vossos fiéis, e abrasai neles o fogo de vosso amor;
R. Enviai o vosso Espírito e tudo será criado, e renovareis a face da terra.

Oração
Senhor, nós vos pedimos que a virtude do Espírito Santo esteja sempre conosco, e que, em vossa bondade, ela nos purifique os corações e nos defenda de toda adversidade. Por nosso Senhor Jesus Cristo, vosso Filho, que convosco vive e reina na unidade do Espírito Santo por todos os séculos dos séculos. Amém.

Oração das nove horas (*Tertia*)

Pai-nosso e Ave-Maria.

V. A graça do Espírito Santo
R. Ilumine os nossos pensamentos e os nossos corações;
V. Abri os meus lábios, ó Senhor,
R. E minha boca anunciará vosso louvor.
V. Vinde, ó Deus, em meu auxílio,
R. Socorrei-me sem demora.
V. Glória ao Pai e ao Filho e ao Espírito Santo. * Como era no princípio, agora e sempre e por todos os séculos dos séculos. Amém.
(No Tempo Pascal se diz "Aleluia!"; da Quaresma até a Páscoa, "Louvor a Vós, ó Cristo, Rei da eterna glória".)

Hino

O seu santo Espírito Deus já delegou:

No dia de Pentecostes aos apóstolos consolou.

E com línguas de fogo também os inflamou:

Abandonar órfãos sempre se recusou.

V. Vinde, ó Espírito Santo, enchei os corações de vossos fiéis, e abrasai neles o fogo de vosso amor;
R. Enviai o vosso Espírito e tudo será criado, e renovareis a face da terra.

Oração

Senhor, nós vos pedimos que a virtude do Espírito Santo esteja sempre conosco, e que, em vossa bondade, ela nos purifique os corações e nos defenda de toda adversidade. Por nosso Senhor Jesus Cristo, vosso Filho, que convosco vive e reina na unidade do Espírito Santo por todos os séculos dos séculos. Amém.

Oração das doze horas (*Sexta*)

Pai-nosso e Ave-Maria.

V. A graça do Espírito Santo

R. Ilumine os nossos pensamentos e os nossos corações;

V. Abri os meus lábios, ó Senhor,

R. E minha boca anunciará vosso louvor.

V. Vinde, ó Deus, em meu auxílio,

R. Socorrei-me sem demora.

V. Glória ao Pai e ao Filho e ao Espírito Santo. * Como era no princípio, agora e sempre e por todos os séculos dos séculos. Amém.

(No Tempo Pascal se diz "Aleluia!"; da Quaresma até a Páscoa, "Louvor a Vós, ó Cristo, Rei da eterna glória".)

Hino

A graça septiforme realmente receberam:

Por esta toda língua entenderam.

A diversas partes do mundo andaram:

E a fé católica logo pregaram.

V. Vinde, ó Espírito Santo, enchei os corações de vossos fiéis, e abrasai neles o fogo de vosso amor;

R. Enviai o vosso Espírito e tudo será criado, e renovareis a face da terra.

Oração

Senhor, nós vos pedimos que a virtude do Espírito Santo esteja sempre conosco, e que, em vossa bondade, ela nos purifique os corações e nos defenda de toda adversidade. Por nosso Senhor Jesus Cristo, vosso Filho, que convosco vive e reina na unidade do Espírito Santo por todos os séculos dos séculos. Amém.

Oração das quinze horas (*Noa*)

Pai-nosso e Ave-Maria.

V. A graça do Espírito Santo

R. Ilumine os nossos pensamentos e os nossos corações;

V. Abri os meus lábios, ó Senhor,

R. E minha boca anunciará vosso louvor.

V. Vinde, ó Deus, em meu auxílio,

R. Socorrei-me sem demora.

V. Glória ao Pai e ao Filho e ao Espírito Santo. * Como era no princípio, agora e sempre e por todos os séculos dos séculos. Amém.

(No Tempo Pascal se diz "Aleluia!"; da Quaresma até a Páscoa, "Louvor a Vós, ó Cristo, Rei da eterna glória".)

Hino

O Espírito Paráclito foi nomeado:
dom de Deus, fonte vivificante, fogo ardente,
amor, unção espiritual,
graça septiforme, dom suplicado.

V. Vinde, ó Espírito Santo, enchei os corações de vossos fiéis, e abrasai neles o fogo de vosso amor;
R. Enviai o vosso Espírito e tudo será criado, e renovareis a face da terra.

Oração

Senhor, nós vos pedimos que a virtude do Espírito Santo esteja sempre conosco, e que, em vossa bondade, ela nos purifique os corações e nos defenda de toda adversidade. Por nosso Senhor Jesus Cristo, vosso Filho, que convosco vive e reina na unidade do Espírito Santo por todos os séculos dos séculos. Amém.

Oração das dezoito horas (*Vésperas*)

Pai-nosso e Ave-Maria.

V. A graça do Espírito Santo
R. Ilumine os nossos pensamentos e os nossos corações;
V. Abri os meus lábios, ó Senhor,
R. E minha boca anunciará vosso louvor.

V. Vinde, ó Deus, em meu auxílio,

R. Socorrei-me sem demora.

V. Glória ao Pai e ao Filho e ao Espírito Santo. * Como era no princípio, agora e sempre e por todos os séculos dos séculos. Amém.

(No Tempo Pascal se diz "Aleluia!"; da Quaresma até a Páscoa, "Louvor a Vós, ó Cristo, Rei da eterna glória".)

Hino

Dedo da mão destra de Deus, virtude espiritual:

Defende-nos e abriga-nos contra todos os males,

Para que não nos prejudique o demônio infernal.

Ampara-nos e alimenta-nos, cobre-nos com tuas asas.

V. Vinde, ó Espírito Santo, enchei os corações de vossos fiéis, e abrasai neles o fogo de vosso amor;

R. Enviai o vosso Espírito e tudo será criado, e renovareis a face da terra.

Oração

Senhor, nós vos pedimos que a virtude do Espírito Santo esteja sempre conosco, e que, em vossa bondade, ela nos purifique os corações e nos defenda de toda adversidade. Por nosso Senhor Jesus Cristo, vosso Filho, que convosco vive e reina na unidade do Espírito Santo por todos os séculos dos séculos. Amém.

Oração da noite (*Completas*)

Pai-nosso e Ave-Maria.

V. Convertei-nos, ó Deus, nosso Salvador,

R. E afastai de nós vossa cólera.

V. Vinde, ó Deus, em meu auxílio,

R. Socorrei-me sem demora.

V. Glória ao Pai e ao Filho e ao Espírito Santo. * Como era no princípio, agora e sempre e por todos os séculos dos séculos. Amém.

(No Tempo Pascal se diz "Aleluia!"; da Quaresma até a Páscoa, "Louvor a Vós, ó Cristo, Rei da eterna glória".)

Hino

O Espírito Paráclito deseja nos ajudar,

E nossos passos dirigir e iluminar.

Assim vindo Deus a todos julgar,

Queira a nós todos a sua destra chamar.

V. Vinde, ó Espírito Santo, enchei os corações de vossos fiéis, e abrasai neles o fogo de vosso amor;

R. Enviai o vosso Espírito e tudo será criado, e renovareis a face da terra.

Oração

Ó Divino Espírito Santo, com piedade e devoção recitei as horas canônicas em vossa honra, para que sejamos inspirados por vossas visitas, e possamos um dia viver para sempre no céu. Assim seja.

Liturgia medieval

23
Ofício da oitava de Pentecostes

Domingo

I Vésperas

V. A graça do Espírito Santo

R. Ilumine os nossos pensamentos e os nossos corações;

V. Abri os meus lábios, ó Senhor,

R. E minha boca anunciará vosso louvor.

V. Vinde, ó Deus, em meu auxílio,

R. Socorrei-me sem demora.

V. Glória ao Pai e ao Filho e ao Espírito Santo. * Como era no princípio, agora e sempre e por todos os séculos dos séculos. Amém.

(No Tempo Pascal se diz "Aleluia!"; da Quaresma até a Páscoa, "Louvor a Vós, ó Cristo, Rei da eterna glória".)

Hino *Veni Creator*[1]

Para todas as Vésperas da Oitava.

Vinde, ó Espírito Criador,
visitai as almas de vossos fiéis
e enchei da graça soberana,
os corações que criastes.

Vós sois chamado o Paráclito,
o dom do Deus Altíssimo,
a fonte d'água viva, o fogo,
o amor, a crisma espiritual.

Vós sois pródigo com os sete dons,
Vós o dedo da destra paternal,
enriquecestes as bocas de eloquência
pois sois a promessa do Pai!

Sede luz aos sentidos,
infundi o amor nos corações
e de eterna fortaleza confirmai
a frágil natureza de nossa carne.

Repeli para longe o inimigo,
concedei-nos prontamente a paz;
assim, sendo vós nosso guia,
evitaremos tudo que é nocivo.

---

[1] Autoria de Rábano Mauro, séc. IX.

Dai-nos a graça de conhecer,
ao Pai e a seu Filho Jesus Cristo.
Dai-nos a todo tempo crer
que sois o Espírito de ambos.

Ao Pai toda a glória,
e ao Filho, que ressuscitou
dos mortos e ao Paráclito,
pelos séculos dos séculos.
Amém.

Versão própria

Antífona

Não vos deixarei órfãos. Aleluia!
Vou e volto a Vós. Aleluia!;
E se alegrará o vosso coração. Aleluia!
V. Falavam os apóstolos em várias línguas. Aleluia!
R. As maravilhas de Deus. Aleluia!

Oração

Senhor nosso Deus, que pela luz do Espírito Santo instruístes neste dia o coração dos vossos fiéis; fazei-nos dóceis ao mesmo Espírito, para apreciarmos o que é justo e nos alegrarmos sempre com a sua consolação. Por nosso Senhor Jesus Cristo, vosso Filho, que convosco vive e reina na unidade do Espírito Santo por todos os séculos dos séculos. Amém.

Laudes

V. A graça do Espírito Santo

R. Ilumine os nossos pensamentos e os nossos corações;

V. Abri os meus lábios, ó Senhor,

R. E minha boca anunciará vosso louvor.

V. Vinde, ó Deus, em meu auxílio,

R. Socorrei-me sem demora.

V. Glória ao Pai e ao Filho e ao Espírito Santo. * Como era no princípio, agora e sempre e por todos os séculos dos séculos. Amém.

(No Tempo Pascal se diz "Aleluia!"; da Quaresma até a Páscoa, "Louvor a Vós, ó Cristo, Rei da eterna glória".)

Hino *Beata nobis gaudia*[2]

Para todas as laudes da Oitava.

À beata alegria,
a órbita do ano nos reconduziu,
ao dia em que o Espírito Paráclito
desceu sobre os apóstolos.

O fogo que cintila a sua luz,
tinha a figura d'uma língua,
para que fossem nas palavras eloquentes
e na caridade fervorosos.

---

[2] Atribuído a Santo Hilário de Poitiers, séc. IV.

De cada um a língua falam;
pasmam a multidão dos gentios,
e creram ébrios de vinho
àqueles que o Espírito de si enchera.

Essas coisas já aconteceram misticamente,
quando, concluído o Tempo Pascal,
abre-se um ciclo sagrado de dias,
em que a lei perdoava os débitos.

Agora, Deus de imensa misericórdia,
suplicamos com o rosto humilhado:
os dons descidos do céu
dai-nos do teu Espírito.

E como os peitos sacros
enchestes com a tua graça;
assim perdoa nossas faltas,
e dai-nos tempos pacíficos.

A Deus Pai seja dada a glória,
e ao Filho, que ressuscitou
da morte, e ao Paráclito,
pelos séculos dos séculos. Amém.

Antífona
Recebei o Espírito Santo.
Aqueles a quem perdoardes os pecados,
eles serão perdoados, Aleluia!

V. Todos ficaram repletos do Espírito Santo. Aleluia!

R. E começaram a falar. Aleluia!

Oração

Senhor nosso Deus, que pela luz do Espírito Santo instruístes neste dia o coração dos vossos fiéis, fazei-nos dóceis ao mesmo Espírito, para apreciarmos o que é justo e nos alegrarmos sempre com a sua consolação. Por nosso Senhor Jesus Cristo, vosso Filho, que convosco vive e reina na unidade do Espírito Santo por todos os séculos dos séculos. Amém.

II Vésperas

V. A graça do Espírito Santo

R. Ilumine os nossos pensamentos e os nossos corações.

V. Abri os meus lábios, ó Senhor,

R. E minha boca anunciará vosso louvor.

V. Vinde, ó Deus, em meu auxílio,

R. Socorrei-me sem demora.

V. Glória ao Pai e ao Filho e ao Espírito Santo. * Como era no princípio, agora e sempre e por todos os séculos dos séculos. Amém.

(No Tempo Pascal se diz "Aleluia!"; da Quaresma até a Páscoa, "Louvor a Vós, ó Cristo, Rei da eterna glória".)

Hino *Veni Creator*, como nas I Vésperas.

Antífona

Hoje se cumpriram os dias de Pentecostes. Aleluia!
Hoje o Espírito Santo apareceu aos apóstolos em formas de fogo,
e comunicou-lhes o mais precioso dos seus dons:
enviou-os ao mundo inteiro para pregar o Evangelho
e dar testemunho de sua inefável verdade
– Aquele que crer e for batizado, será salvo. Aleluia!
V. Falavam os apóstolos em várias línguas. Aleluia!
R. As maravilhas de Deus. Aleluia!

Oração

Senhor nosso Deus, que pela luz do Espírito Santo instruístes neste dia o coração dos vossos fiéis, fazei-nos dóceis ao mesmo Espírito, para apreciarmos o que é justo e nos alegrarmos sempre com a sua consolação. Por nosso Senhor Jesus Cristo, vosso Filho, que convosco vive e reina na unidade do Espírito Santo por todos os séculos dos séculos. Amém.

Segunda-feira
Laudes

V. A graça do Espírito Santo
R. Ilumine os nossos pensamentos e os nossos corações.
V. Abri os meus lábios, ó Senhor,
R. E minha boca anunciará vosso louvor.

V. Vinde, ó Deus, em meu auxílio,

R. Socorrei-me sem demora.

V. Glória ao Pai e ao Filho e ao Espírito Santo. * Como era no princípio, agora e sempre e por todos os séculos dos séculos. Amém.

(No Tempo Pascal se diz "Aleluia!"; da Quaresma até a Páscoa, "Louvor a Vós, ó Cristo, Rei da eterna glória".)

Hino *Beata nobis gaudia*.

Antífona

Tanto amou Deus ao mundo
que lhe deu o seu Filho unigênito,
para que todos os que nele creem não pereçam,
mas alcancem a vida eterna. Aleluia!
V. Todos ficaram repletos do Espírito Santo. Aleluia!
R. E começaram a falar. Aleluia!

Oração

Ó Deus, que destes o Espírito Santo aos vossos apóstolos, concedei ao vosso povo o efeito de sua piedosa petição, para que àqueles concedestes a fé, concedais também a paz. Por nosso Senhor Jesus Cristo, vosso Filho, que convosco vive e reina na unidade do Espírito Santo por todos os séculos dos séculos. Amém.

Vésperas

V. A graça do Espírito Santo

R. Ilumine os nossos pensamentos e os nossos corações.

V. Abri os meus lábios, ó Senhor,

R. E minha boca anunciará vosso louvor.

V. Vinde, ó Deus, em meu auxílio,

R. Socorrei-me sem demora.

V. Glória ao Pai e ao Filho e ao Espírito Santo. * Como era no princípio, agora e sempre e por todos os séculos dos séculos. Amém.

(No Tempo Pascal se diz "Aleluia!"; da Quaresma até a Páscoa, "Louvor a Vós, ó Cristo, Rei da eterna glória".)

Hino *Veni Creator*.

Antífona

Se alguém me ama, guardará a minha palavra,

e meu Pai o amará e viremos a ele

e nele estabeleceremos a nossa morada. Aleluia!

V. Falavam os apóstolos em várias línguas. Aleluia!

R. As maravilhas de Deus. Aleluia!

Oração

Ó Deus, que destes o Espírito Santo aos vossos apóstolos, concedei ao vosso povo o efeito de sua piedosa petição, para que àqueles que concedestes a fé, concedais também a paz. Por nosso Senhor Jesus Cristo, vosso Filho, que convosco vive e reina na unidade do Espírito Santo por todos os séculos dos séculos. Amém.

Terça-feira
Laudes

V. A graça do Espírito Santo

R. Ilumine os nossos pensamentos e os nossos corações.

V. Abri os meus lábios, ó Senhor,

R. E minha boca anunciará vosso louvor.

V. Vinde, ó Deus, em meu auxílio,

R. Socorrei-me sem demora.

V. Glória ao Pai e ao Filho e ao Espírito Santo. * Como era no princípio, agora e sempre e por todos os séculos dos séculos. Amém.

(No Tempo Pascal se diz "Aleluia!"; da Quaresma até a Páscoa, "Louvor a Vós, ó Cristo, Rei da eterna glória".)

Hino *Beata nobis gaudia*.

Antífona

Eu sou a porta, diz o Senhor,
aquele que entrar por mim, se salvará
e encontrará a vida eterna. Aleluia!

V. Todos ficaram repletos do Espírito Santo. Aleluia!

R. E começaram a falar. Aleluia!

Oração

Senhor, nós vos pedimos que a virtude do Espírito Santo esteja sempre conosco, e que, em vossa bondade, ela nos purifique os corações e nos defenda de toda adversidade. Por nosso Senhor Jesus Cristo, vosso Filho, que convosco vive e reina na unidade do Espírito Santo por todos os séculos dos séculos. Amém.

Vésperas

V. A graça do Espírito Santo

R. Ilumine os nossos pensamentos e os nossos corações.

V. Abri os meus lábios, ó Senhor,

R. E minha boca anunciará vosso louvor.

V. Vinde, ó Deus, em meu auxílio,

R. Socorrei-me sem demora.

V. Glória ao Pai e ao Filho e ao Espírito Santo. * Como era no princípio, agora e sempre e por todos os séculos dos séculos. Amém.

(No Tempo Pascal se diz "Aleluia!"; da Quaresma até a Páscoa, "Louvor a Vós, ó Cristo, Rei da eterna glória".)

Hino *Veni Creator*.

Antífona

Eu vos deixo a paz, minha paz vos dou,
mas não como o mundo a dá. Aleluia!

V. Falavam os apóstolos em várias línguas. Aleluia!

R. As maravilhas de Deus. Aleluia!

Oração

Senhor, nós vos pedimos que a virtude do Espírito Santo esteja sempre conosco, e que, em vossa bondade, ela nos purifique os corações e nos defenda de toda adversidade. Por nosso Senhor Jesus Cristo, vosso Filho, que convosco vive e reina na unidade do Espírito Santo por todos os séculos dos séculos. Amém.

Quarta-feira
Laudes

V. A graça do Espírito Santo

R. Ilumine os nossos pensamentos e os nossos corações.

V. Abri os meus lábios, ó Senhor,

R. E minha boca anunciará vosso louvor.

V. Vinde, ó Deus, em meu auxílio,

R. Socorrei-me sem demora.

V. Glória ao Pai e ao Filho e ao Espírito Santo. * Como era no princípio, agora e sempre e por todos os séculos dos séculos. Amém.

(No Tempo Pascal se diz "Aleluia!"; da Quaresma até a Páscoa, "Louvor a Vós, ó Cristo, Rei da eterna glória".)

Hino *Beata nobis gaudia*.

Antífona

Eu sou o Pão vivo, diz o Senhor,
que desceu do céu. Aleluia! Aleluia!
V. Todos ficaram repletos do Espírito Santo. Aleluia!
R. E começaram a falar. Aleluia!

Oração

Nós vos pedimos, ó Senhor, que o Espírito Paráclito que de Vós procede, ilumine o nosso entendimento e o conduza à verdade plena, tal como vosso Filho o prometeu, o qual, sendo Deus, convosco vive e reina em união com o mesmo Espírito. Amém.

Vésperas

V. A graça do Espírito Santo
R. Ilumine os nossos pensamentos e os nossos corações.
V. Abri os meus lábios, ó Senhor,
R. E minha boca anunciará vosso louvor.
V. Vinde, ó Deus, em meu auxílio,
R. Socorrei-me sem demora.
V. Glória ao Pai e ao Filho e ao Espírito Santo. * Como era no princípio, agora e sempre e por todos os séculos dos séculos. Amém.

(No Tempo Pascal se diz "Aleluia!"; da Quaresma até a Páscoa, "Louvor a Vós, ó Cristo, Rei da eterna glória".)

Hino *Veni Creator*.

Antífona

Eu sou o Pão vivo que desceu do céu,
quem comer deste Pão viverá para sempre,
e o pão que eu darei, é a minha carne para a salvação do mundo. Aleluia!

V. Falavam os apóstolos em várias línguas. Aleluia!

R. As maravilhas de Deus. Aleluia!

Oração

Nós vos pedimos, ó Senhor, que o Espírito Paráclito que de Vós procede, ilumine o nosso entendimento e o conduza à verdade plena, tal como vosso Filho o prometeu, o qual, sendo Deus, convosco vive e reina em união com o mesmo Espírito. Amém.

Quinta-feira
Laudes

V. A graça do Espírito Santo

R. Ilumine os nossos pensamentos e os nossos corações.

V. Abri os meus lábios, ó Senhor,

R. E minha boca anunciará vosso louvor.

V. Vinde, ó Deus, em meu auxílio,

R. Socorrei-me sem demora.

V. Glória ao Pai e ao Filho e ao Espírito Santo. * Como era no princípio, agora e sempre e por todos os séculos dos séculos. Amém.

(No Tempo Pascal se diz "Aleluia!"; da Quaresma até a Páscoa, "Louvor a Vós, ó Cristo, Rei da eterna glória".)

Hino *Beata nobis gaudia*.

Antífona

Tendo convocado os doze apóstolos,

Jesus lhes deu poder e autoridade sobre todos os demônios,

e a virtude de curar as doenças,

enviando-os a pregar o Reino de Deus

e curar os enfermos. Aleluia!

V. Todos ficaram repletos do Espírito Santo. Aleluia!

R. E começaram a falar. Aleluia!

Oração

Senhor nosso Deus, que pela luz do Espírito Santo instruístes neste dia o coração dos vossos fiéis, fazei-nos dóceis ao mesmo Espírito, para apreciarmos o que é justo e nos alegrarmos sempre com a sua consolação. Por nosso Senhor Jesus Cristo, vosso Filho, que convosco vive e reina na unidade do Espírito Santo por todos os séculos dos séculos. Amém.

Vésperas

V. A graça do Espírito Santo

R. Ilumine os nossos pensamentos e os nossos corações.

V. Abri os meus lábios, ó Senhor,

R. E minha boca anunciará vosso louvor.

V. Vinde, ó Deus, em meu auxílio,

R. Socorrei-me sem demora.

V. Glória ao Pai e ao Filho e ao Espírito Santo. * Como era no princípio, agora e sempre e por todos os séculos dos séculos. Amém.

(No Tempo Pascal se diz "Aleluia!"; da Quaresma até a Páscoa, "Louvor a Vós, ó Cristo, Rei da eterna glória".)

Hino *Veni Creator*.

Antífona

O Espírito que procede do Pai, aleluia,
me dará a conhecer. Aleluia! Aleluia!

V. Falavam os apóstolos em várias línguas. Aleluia!

R. As maravilhas de Deus. Aleluia!

Oração

Senhor nosso Deus, que pela luz do Espírito Santo instruístes neste dia o coração dos vossos fiéis, fazei-nos dóceis ao mesmo Espírito, para apreciarmos o que é justo e nos alegrarmos sempre com a sua consolação. Por nosso

Senhor Jesus Cristo, vosso Filho, que convosco vive e reina na unidade do Espírito Santo por todos os séculos dos séculos. Amém.

Sexta-feira
Laudes

V. A graça do Espírito Santo

R. Ilumine os nossos pensamentos e os nossos corações.

V. Abri os meus lábios, ó Senhor,

R. E minha boca anunciará vosso louvor.

V. Vinde, ó Deus, em meu auxílio,

R. Socorrei-me sem demora.

V. Glória ao Pai e ao Filho e ao Espírito Santo. * Como era no princípio, agora e sempre e por todos os séculos dos séculos. Amém.

(No Tempo Pascal se diz "Aleluia!"; da Quaresma até a Páscoa, "Louvor a Vós, ó Cristo, Rei da eterna glória".)

Hino *Beata nobis gaudia*.

Antífona

Para que saibais que o Filho do Homem tem na terra o poder de perdoar os pecados,

disse ao paralítico: recolhe a tua cama e vai para casa. Aleluia!

V. Todos ficaram repletos do Espírito Santo. Aleluia!

R. E começaram a falar. Aleluia!

Oração

Nós vos pedimos, misericordioso Deus, que concedais a vossa Igreja, congregada pelo Espírito Santo, que de forma alguma ela seja perturbada pela invasão do inimigo. Por nosso Senhor Jesus Cristo, vosso Filho, que convosco vive e reina na unidade do Espírito Santo por todos os séculos dos séculos. Amém.

Vésperas

V. A graça do Espírito Santo

R. Ilumine os nossos pensamentos e os nossos corações.

V. Abri os meus lábios, ó Senhor,

R. E minha boca anunciará vosso louvor.

V. Vinde, ó Deus, em meu auxílio,

R. Socorrei-me sem demora.

V. Glória ao Pai e ao Filho e ao Espírito Santo. * Como era no princípio, agora e sempre e por todos os séculos dos séculos. Amém.

(No Tempo Pascal se diz "Aleluia!"; da Quaresma até a Páscoa, "Louvor a Vós, ó Cristo, Rei da eterna glória".)

Hino *Veni Creator*.

Antífona

O Espírito Paráclito que o Pai enviará em meu nome,
Ele vos ensinará todas as coisas,
e vos inspirará tudo o que vos direi. Aleluia!
V. Falavam os apóstolos em várias línguas. Aleluia!
R. As maravilhas de Deus. Aleluia!

Oração

Nós vos pedimos, misericordioso Deus, que concedais a vossa Igreja, congregada pelo Espírito Santo, que de forma alguma ela seja perturbada pela invasão do inimigo. Por nosso Senhor Jesus Cristo, vosso Filho, que convosco vive e reina na unidade do Espírito Santo por todos os séculos dos séculos. Amém.

Sábado

Laudes

V. A graça do Espírito Santo

R. Ilumine os nossos pensamentos e os nossos corações.

V. Abri os meus lábios, ó Senhor,

R. E minha boca anunciará vosso louvor.

V. Vinde, ó Deus, em meu auxílio,

R. Socorrei-me sem demora.

V. Glória ao Pai e ao Filho e ao Espírito Santo. * Como era no princípio, agora e sempre e por todos os séculos dos séculos. Amém.

(No Tempo Pascal se diz "Aleluia!"; da Quaresma até a Páscoa, "Louvor a Vós, ó Cristo, Rei da eterna glória".)

Hino *Beata nobis gaudia*.

Antífona

A caridade de Deus foi derramada em nossos corações pelo Espírito Santo que habita em nós. Aleluia!
V. Todos ficaram repletos do Espírito Santo. Aleluia!
R. E começaram a falar. Aleluia!

Oração

Nós vos pedimos Senhor, que pela vossa bondade infundais em nossas almas o Espírito Santo, por cuja sabedoria fomos criados e por sua providência somos governados. Por nosso Senhor Jesus Cristo, vosso Filho, que convosco vive e reina na unidade do Espírito Santo por todos os séculos dos séculos. Amém.

Liturgia medieval

24
Septena pedindo os sete dons do Espírito Santo

Esta septena pode ser feita nas sete sextas-feiras que se seguem à Páscoa.

Orações iniciais

Para todos os dias. Também se podem escolher outras livremente. Depois, sempre se rezam 7 Pai-nossos e 7 Ave-Marias.

Ato de contrição

Meu Senhor Jesus Cristo, Deus e homem verdadeiro, meu criador e redentor em quem creio, a quem amo e adoro, por serdes Vós quem sois: pesa-me vos ter ofendido. Proponho, com a vossa divina graça, corrigir minha vida e afastar-me das ocasiões em que vos possa ofender, e espero em vossa divina misericórdia, que haveis de me perdoar. Amém.

Oração

Deus eterno, que com os dons do Espírito Santo comunicais aos fiéis soberanas perfeições, com as quais se dispõem a seguir aquilo que a Vós é mais agradável: concedei-nos, Senhor, que ilustrados com seus divinos dons, assistam em nossas almas a verdadeira sabedoria contra a ignorância; o entendimento contra as cegueiras; o conselho, para refrear as violências; a fortaleza, para tirar os temores; a ciência, para evitar todos os males; a piedade, para abrandar a nossa dureza; e o temor santo, para sujeitar a soberba; para que, assim adornados, sigamos em tudo as divinas inspirações que nos estimulam ao cumprimento de vossa santa lei, e nos abrasemos no fogo do divino amor. Amém.

Oração final para todos os dias

Ó Espírito santíssimo, consolo das almas! Ó Amor divino, suavidade do Pai e do Filho, que descendo sobre os apóstolos neles derramastes vossos divinos dons: vinde sobre meu coração e enchei-o de vosso amor e graça.

Vinde, ó Pai dos pobres, e enviai-nos do céu o raio de vossa luz! Vinde, doador das luzes e luz dos corações. Vinde, consolador amoroso. Vinde, doce esposo. Vinde, alívio da alma. Vinde, fortaleza dos fracos, auxílio dos caídos. Vinde, descanso dos trabalhadores. Vinde, consolo dos que choram. Vinde, mestre dos humildes. Vinde, dulcíssimo amor, e abrasai o meu coração com o fogo da caridade, para que, quanto sou e valho, me coloque em vosso serviço e vos ame com todo meu coração e minha alma, com todo meu entendimento e vontade, com todos os meus sentidos, minhas forças e faculdades, para que nem faça nem queira, nem pense coisa alguma que não seja para glória vossa, do Pai e do Filho com quem reinais. Amém.

Primeiro dia

Dom do santo temor

Deus imenso e amoroso Pai das almas, humildemente prostrados, oferecemos à vossa soberana majestade estes sete Pai-nossos e Ave-Marias, em reverência aos sete dons com os quais o Espírito Santo adorna as almas dos fiéis; e vos suplicamos, que nossos corações sejam digna morada de seus benefícios, e especialmente nos comunique o soberano dom do temor, para que alcancemos com ele multiplicados bens, emendemos culpas passadas, aprendamos a agir bem com perseverança, procuremos praticar a misericórdia. Que nossas súplicas sejam ouvidas, a saúde nos seja garantida em vosso santo serviço. Alcançai-nos o santo temor, a eterna glória, onde esperamos louvar-vos, pelos méritos de nosso Senhor Jesus Cristo, vosso Filho unigênito, que convosco vive e reina na unidade do Espírito Santo por todos os séculos dos séculos. Amém.

Termina-se sempre com 7 Glórias-ao-Pai e com a oração final.

Segundo dia

Dom da piedade

Onipotente e misericordioso Deus, que jamais deixais de favorecer os homens com repetidos auxílios: dai-nos que, celebrando o benefício da vinda do Espírito Santo, sejamos copiosamente iluminados, e especialmente neste dia, partilhe conosco o benigno dom da piedade, para que com ele sejamos movidos pelo mesmo Espírito Santo, não só para tributar-vos o devido afeto reverencial, mas para que também sejamos elevados a praticá-la em Vós, conosco e com nossos próximos, afastando a ampla solicitação das coisas temporais, tendo misericórdia de nossas almas no correto governo das consciências, procurando o maior bem e consolo de nossos próximos; para que assim governados, mereçamos em todas as nossas ações, agradar a vossa divina majestade. Amém.

Terceiro dia

Dom da ciência

Ó Deus amantíssimo das almas, que no dia de Pentecostes iluminastes os corações dos apóstolos com verdadeira ciência e doutrina, alcançai-nos o piedoso afeto de nossa súplica. Que nossos corações sejam iluminados com o dom da ciência do Divino Espírito, para que com ela alcancemos o claro conhecimento de vossas divinas perfeições, o conhecimento de nossas misérias, e a compaixão pelas misérias de nossos irmãos. Que também se aclarem nossos juízos para discernir as coisas que devem crer, que com esta luz desejaremos alcançar àquele verdadeiro conhecimento da divina essência, como ela é em si mesma, em que consiste a bem-aventurança, que nosso Senhor Jesus Cristo mereceu para nós, Ele que convosco vive e reina na unidade do mesmo Espírito Santo, Deus por todos os séculos dos séculos. Amém.

Quarto dia

Dom da fortaleza

Soberano Deus, Criador de todas as coisas, em quem está toda bondade, firmeza e retidão. Conhecendo a pouca estabilidade das forças humanas, prostrados vos suplicamos: que, para a perseverança no bem agir, nos concedais compassivo o sagrado dom da fortaleza, com que o Divino Espírito dignou-se consolar os ânimos e fé dos apóstolos, para que, adornados com sua virtude, se revigore nosso entusiasmo, a fim de reprimir os desejos terrenos e não intimidar-se frente às adversidades mundanas e diabólicas ciladas; antes, nos movamos pelo Espírito Divino, esperando que nossas boas obras alcancem o fim que desejamos, que é agradar-vos em tudo e por tudo, agora e eternamente. Amém.

Quinto dia

Dom do conselho

Deus onipotente e Senhor de todas as criaturas, luz soberana dos bem-aventurados: prostrados ante a vossa divina presença, nós vos suplicamos o sagrado dom do conselho, que é aquela claridade comunicada pelo Espírito para solucionar as mais obscuras dificuldades, empreender os caminhos árduos da virtude, para que, guiados por tanto fulgor, todas as nossas ações venham dirigidas por vossa majestade. De forma particular, como efeito de tão eminente dom, apague-se em nós o apetite desordenado das coisas terrenas, aprendendo a buscar unicamente as do céu, que são as que realmente satisfazem. Que assim estabelecidos, perseveremos na guarda dos santos mandamentos até louvar-vos eternamente na glória. Amém.

Sexto dia

Dom do entendimento

Ó Deus infinitamente bom! Luzeiro sagrado dos corações, vida eterna das almas: Infundi em nós o dom do entendimento para o aperfeiçoamento de nossa vida, e para que, por ele, o Divino Espírito nos ensine a conhecer-vos nas criaturas, sendo obras maravilhosas de vossas mãos; e para sermos gratos pelos infinitos benefícios que a cada instante recebemos de vossa misericórdia, ficando impressa em nós a verdadeira luz do entendimento que nos guie e eleve para contemplar as verdades divinas, às quais não podemos chegar pela limitada virtude natural. Somente assim, auxiliados por tão celestial favor, poderemos ter esperança de meditar vossa admirável soberania nos palácios da glória. Amém.

Sétimo dia

Dom da sabedoria

Senhor do céu e da terra, em cuja sagrada benevolência nossos pobres méritos têm algum valor; para que vos agradeis e sejam aceitáveis, humildemente prostrados ante vossa adoração divina, suplicamos-vos neste último dia, que nos concedais propício o dom da sabedoria, com o qual o Espírito Santo nos comunique a novidade das coisas celestiais e divinas, para que só busquemos as verdadeiras alegrias da pátria, renunciando as da terra. Por fim, Deus muito amado, nós vos pedimos que as pequenas orações e pedidos dos dias anteriores e deste sejam levados à vossa presença pela mão dos sete príncipes que assistem o trono divino, para que nossas súplicas tenham o efeito desejado nesta septena, e principalmente, que vossa majestade assista a vossa Igreja Católica, comunique paz aos governantes cristãos, extinga todas as heresias, e a todos os presentes nos assista com seus auxílios, a fim de que, evitando os vícios, nos determinemos a conservar a graça, para ir a Vós, após a morte, desfrutar por toda a eternidade na glória. Amém.

Frei Basílio Patrício

25
Novena ao Divino Espírito Santo

A Novena do Espírito Santo é a principal de todas, porque foi a primeira celebrada pelos santos apóstolos e a SSma. Virgem no cenáculo; porque ela foi enriquecida de muitos prodígios e de dons extraordinários, e sobretudo do dom do próprio Espírito Santo que Jesus Cristo nos mereceu por sua paixão. É isso que Jesus Cristo quis nos ensinar quando disse a seus discípulos que se Ele não morresse não poderia lhes enviar o Santo Espírito: "Se eu não me for, o Consolador não virá a vós; mas se eu me for, vo-lo enviarei". Nós conhecemos pela fé que o Espírito Santo é o amor que se dão mutuamente o Pai e o Verbo Eterno, e é por ela que o dom do amor, o maior de todos os dons que o Senhor dispensa a nossas almas, é particularmente atribuído ao Espírito Santo, como afirma São Paulo: "A caridade é derramada em nossos corações pelo Espírito Santo". Convém, portanto, que nesta novena, nós consideremos principalmente o grande valor do amor divino, a fim de que nos esforcemos para obtê-lo mediante piedosos exercícios, especialmente da oração, pois Deus o prometeu a quem o pedir humildemente: "Vosso Pai que está nos céus dará o bom Espírito àqueles que o pedirem".

Primeiro dia, sexta-feira

O amor é um fogo que abrasa

1. Deus ordenou na antiga Lei que o fogo ardesse continuamente sobre o seu altar. "O fogo arderá sempre sobre o altar" (Lv 6,12). Diz São Gregório que os nossos corações são os altares de Deus, onde Ele quer que o fogo de seu divino amor arda sem cessar. Por isso o Pai Eterno, não satisfeito de nos ter dado seu Filho Jesus Cristo para nos salvar por sua morte, quis ainda dar-nos o Espírito Santo, para que habitasse em nossas almas, e as tivesse sempre abrasadas pela caridade. Jesus mesmo nos assegurou que veio a terra precisamente para inflamar nossos corações com esse fogo sagrado, e que deseja unicamente que se acenda: "Eu vim trazer fogo sobre a terra, e o que desejo senão que se acenda?" Assim, esquecendo as injúrias e as ingratidões que recebeu na terra da parte dos homens, Ele nos enviou o Espírito Santo depois que subiu ao céu.

Ó amadíssimo Redentor, Vós nos amais, pois, em vossa glória como em vossos sofrimentos e ignomínias! É por este motivo que o Espírito Santo quis aparecer no cenáculo em forma de línguas de fogo, e que a Santa Igreja nos faz dizer: "Fazei, Senhor, que este Espírito divino nos abrase com o fogo que Jesus Cristo nosso Senhor enviou sobre a terra, e que desejou tão ardentemente de vê-lo aceso". Este é o fogo sagrado que tem abrasado os santos e lhes tem dado força para realizar grandes obras por Deus: a amar os inimigos, a desejar os desprezos, a despojar-se de todos os bens terrestres e a abraçar até com alegria os tormentos e a morte. O amor não pode ficar ocioso e nunca diz: "Basta". Mas uma alma, quanto mais ama a Deus e faz por seu amado, mais deseja fazer, a fim de lhe agradar e de atrair a si mais e mais a sua afeição.

É na oração mental que se acende esse fogo divino: "Enquanto eu meditava, um fogo abrasou-se em mim". Portanto, se nós desejamos arder de amor por Deus, amemos a oração; ela é a bem-aventurada fornalha onde se acendem esses santos ardores.

2. Afetos e orações. Meu Deus, até esse dia nada fiz por Vós, que fizestes por mim tão grandes coisas. Ah! Minha tibieza não vos leve também a vomitar-me. Ah! Espírito Santo, "aquecei o que está frio"! Livrai-me de minha frieza e acendei em mim um grande desejo de vos agradar. Eu renuncio a todas as minhas satisfações, e prefiro morrer a vos dar o menor desgosto.

Vós aparecestes em forma de línguas de fogo: Eu vos consagro minha língua, para que não vos ofenda mais. Ó Deus! Vós a destes a mim para vos louvar, e eu me tenho servido dela para vos ultrajar e levar outros a vos ofender! Arrependo-me de toda a minha alma. Ah! Pelo amor de Jesus Cristo, que em sua vida tanto vos honrou com sua língua, fazei que doravante eu vos honre sempre cantando vossos louvores, invocando-vos frequentemente, anunciando vossa bondade e o amor infinito que Vós mereceis. Eu vos amo, meu soberano bem, eu vos amo, ó Deus de amor.

Ó Maria, vós sois a Esposa mais querida do Espírito Santo: alcançai-me esse fogo sagrado.

Segundo dia, sábado

O amor é uma luz que esclarece

1. Um dos maiores danos que o pecado de Adão nos trouxe é o obscurecimento de nossa razão, causada pelas paixões que cegam o nosso espírito. Ah! Infeliz da alma que se deixa dominar por qualquer paixão! Uma paixão é uma nuvem, um véu que nos impede de ver a verdade. Como fugir do mal, se alguém não o conhece? Esse obscurecimento da razão aumenta em proporção ao número de nossos pecados. Mas o Espírito Santo, que é chamado "luz beatífica", é aquele que, por seus divinos esplendores, não só abrasa os nossos corações de amor, mas também dissipa nossas trevas e nos faz conhecer a vaidade dos bens terrestres, o valor da graça e dos bens eternos, a importância da salvação, a bondade de Deus, o amor infinito que Ele merece e o imenso amor que Ele nos traz.

"O homem animal não percebe as coisas que são do Espírito de Deus." O homem mergulhado na lama dos prazeres terrestres conhece pouco essas verdades, e por isso o infeliz ama o que ele deveria odiar, e odeia o que deveria amar. Santa Maria Madalena de Pazzi exclamava: "O amor não é conhecido! O amor não é amado!", e Santa Teresa dizia que "Deus não é amado porque não é conhecido". Também os santos pediam sem cessar a Deus suas luzes: "Enviai vossa luz, Senhor", "dissipai minhas trevas", "abri os meus ouvidos"; e com razão, porque sem luz não se pode evitar os precipícios nem encontrar a Deus.

2. **Afetos e orações.** Ó Santo e Divino Espírito, eu creio que sois verdadeiramente Deus, e que sois um só Deus com o Pai e o Filho. Eu vos adoro e vos reconheço como o dispensador de todas as luzes, pelas quais Vós me fizestes conhecer o mal que eu tenho cometido, ofendendo-vos, e a obrigação que eu tenho de vos amar. Eu vos agradeço e me arrependo extremamente de vos ter ofendido. Eu mereço que me abandoneis em minhas trevas, mas vejo que ainda não me abandonastes.

Continuai, ó Espírito eterno, a me iluminar e a sempre me fazer conhecer cada vez mais a vossa infinita bondade, e dai-me a força de vos amar no futuro de todo o meu coração. Ajuntai graças sobre graças para que eu permaneça docemente vencido e constrangido a não amar senão a Vós; eu vos peço pelos méritos de Jesus Cristo.

Eu vos amo, meu soberano bem, eu vos amo mais do que a mim mesmo. Eu quero ser totalmente de Vós; recebei-me e não permitais que no futuro eu me separe de Vós.

Ó Maria, minha Mãe, assisti-me sempre com vossa intercessão.

Terceiro dia, domingo

O amor é uma água que apaga a sede

1. O amor é chamado também de *fonte de água viva*. O nosso Redentor disse à samaritana: "Aquele que beber da água que eu lhe der jamais terá sede". O amor é uma água que sacia. Aquele que ama a Deus verdadeiramente

de coração não busca nem deseja nada mais, porque em Deus acha todos os bens; de sorte que, contente por possuir a Deus, ele se alegra, repetindo sem cessar: "Meu Deus, somente Vós me basta". Eis como Deus se queixa de tantas almas que vão mendigar os prazeres miseráveis e passageiros perto das criaturas e o abandonam, Ele que é um bem infinito e a fonte de toda alegria: *Eles me abandonaram, eu que sou a fonte de água viva, para cavarem cisternas para si que não podem reter a água.* É por isso que Deus, que nos ama e que deseja nos ver contentes, clama a todos: "Se alguém tem sede, que venha a mim e beba". Que aquele que deseja ser feliz venha a mim; eu lhe darei o Espírito Santo, que lhe tornará feliz nesta vida e na outra. "Se alguém crê em mim [diz nosso Senhor Jesus Cristo], brotará de seu coração jorros de água viva], como narra a Escritura.

Aquele, pois, que crê e que ama a Jesus Cristo será enriquecido de tantas graças, que de seu coração, isto é, de sua vontade, jorrarão fontes de santas virtudes, que servirão não só para conservar-lhe a vida da graça, mas também para comunicá-la aos outros. E essa água é precisamente o Espírito Santo, o amor substancial que Jesus Cristo prometeu nos enviar do céu após a sua Ascensão: "Isso falava do Espírito que deviam receber aqueles que cressem nele. Porque o Espírito não tinha sido dado ainda, pois Jesus ainda não fora glorificado.

A chave que abre os canais desta água bem-aventurada é a santa oração, que nos obtém todo bem em razão da promessa, "pedi e vos será dado". Nós somos cegos, pobres e fracos, mas a oração nos obtém a luz, a força e as riquezas da graça. Teodoreto disse: "A oração é uma só coisa e obtém todas as coisas". Aquele que pede recebe tudo o que ele deseja. Deus quer dar-nos as suas graças, mas quer que lhe peçamos.

2. Afetos e orações. Meu Jesus, vos direi com a samaritana: "Dai-me desta água" de vosso amor, que me faça esquecer a terra para viver só para Vós, amável infinito; "regai o que é seco". Minha alma é uma terra árida que não produz senão abrolhos, espinhos e pecados. Ah! Asperge-a com a vossa graça, a fim de que ela produza frutos para vossa glória antes que eu deixe este mundo.

Ó fonte de água viva, ó soberano bem, que por vezes abandonei pelas águas lodosas da terra, que me tem privado de vosso amor. Oh! Antes morrer do que tornar a vos ofender! Doravante eu não quero outra coisa senão Vós, ó meu Deus! Socorrei-me, fazei que eu vos seja fiel.

Maria, minha esperança, colocai-me sempre sob o vosso manto.

Quarto dia, segunda-feira

O amor é um orvalho que fecunda

1. A Santa Igreja quer que peçamos assim: "Que o Espírito Santo venha purificar nossos corações e que Ele os fertilize com seu orvalho salutar". O amor produz nas almas os bons desejos, os santos propósitos e as boas obras; são essas as flores e os frutos da graça do Espírito Santo. O amor também se chama orvalho, porque ele ameniza os ardores das paixões e das tentações. É por isso que o Espírito Santo também é nomeado de *refrigério que modera o calor*. Esse orvalho cai em nossos corações no tempo da oração. Um quarto de hora de oração é suficiente para acalmar toda paixão de raiva ou de amor desregrado, por mais ardente que seja.

"O rei me introduziu em sua adega; regrou em mim a caridade." A santa meditação é justamente essa adega onde se regra o amor, fazendo-nos amar o próximo como a nós mesmos e Deus acima de todas as coisas. Aquele que ama a Deus ama a oração; e aquele que não ama a oração é-lhe moralmente impossível dominar as paixões.

2. Afetos e orações. Ó Santo e Divino Espírito, não quero mais viver para mim mesmo; todo o restante de minha vida eu quero empregar para vos amar e a vos agradar. Eu vos peço, pois, que me concedeis o dom da oração. Vinde pessoalmente ao meu coração e ensinai-me a fazer como

se deve. Dai-me a força de não lhe abandonar no tempo da aridez, por causa do tédio; e dai-me o espírito da prece, isto é, a graça de sempre pedir e de fazer orações que sejam as mais agradáveis ao vosso divino coração.

Outrora eu estava perdido por causa de meus pecados; mas eu vejo bem, pelas santas ciladas que tendes feito a mim, que quereis a minha salvação e a minha santificação. Eu também quero me tornar santo para vos agradar e para amar mais a vossa infinita bondade. Eu vos amo, meu soberano Bem, meu Amor, meu Tudo; e porque vos amo, entrego-me totalmente a Vós.

Ó Maria, minha esperança, protegei-me.

Quinto dia, terça-feira

O amor é um repouso que alivia

1. O amor também se chama *repouso no sofrimento, alívio na aflição*. O amor é um repouso que alivia, pois seu efeito principal é unir a vontade do amante com aquela do objeto amado. Basta à alma que ama a Deus – para se acalmar em todas as afrontas que ela recebe, em todas as dores que ela suporta, em todas as perdas que ela sofre – saber que é a vontade de seu Bem-amado que ela sofra tal pena. Dizendo apenas: "Deus assim o quer", ela encontra a paz e o contentamento em todas as tribulações.

Esta é *a paz que ultrapassa todos os prazeres dos sentidos*. Santa Maria Madalena de Pazzi, pronunciando apenas as palavras "vontade de Deus", sentia-se repleta de alegria. Nesta vida, cada um deve trazer sua cruz; mas Santa Teresa diz: "A cruz é dura para quem a arrasta, e não para quem a abraça". É assim que o Senhor sabe "ferir e curar" (Jó 5,18). O Espírito Santo, por sua doce unção, torna doce e amáveis os próprios opróbrios e os tormentos. Digamos em todas as adversidades que nos chegam: "Que ela seja assim, Senhor, *já que assim foi do vosso agrado*". E, quando o temor de que algum mal temporal possa abater-nos, digamos sempre: "Fazei, ó meu Deus, que eu aceite desde agora tudo o que for de vossa vontade". Assim nos será útil oferecer-nos frequentemente a Deus, como fazia Santa Teresa, durante todo o dia.

2. Afetos e orações. Ah! Meu Deus! Quantas vezes, para fazer a minha vontade, contrariei a vossa, desprezando-a. Eu me aflijo desse mal mais do que qualquer outro. Senhor, doravante eu quero vos amar de todo o meu coração; "falai, Senhor, porque vosso servo escuta". Dizei-me tudo o que Vós quereis de mim; eu o quero cumprir. Vossa vontade será sempre meu único desejo, meu único amor. Ajudai a minha fraqueza, ó Espírito Santo! Vós sois a própria bondade; como, pois, amar outra coisa senão a Vós? Ah! Atraí a Vós todos os meus afetos pela doçura de vosso santo amor. Que eu abandone tudo para me doar totalmente a Vós; aceitai-me e socorrei-me.

Ó Maria, minha Mãe, eu me entrego a vós.

Sexto dia, quarta-feira

O amor é forte como a morte

1. Assim como não há força criada que resista à morte, assim não há dificuldade que não ceda ao amor de uma alma amante. Quando se trata de agradar ao bem-amado, o amor vence tudo: perda, desprezo e dor; "Não há nada tão duro que não ceda ao fogo do amor". O sinal mais seguro para conhecer se uma alma ama verdadeiramente a Deus é a fidelidade a seu amor na adversidade, como na prosperidade. São Francisco de Sales disse que Deus é também amável quando nos aflige e quando nos consola, porque Ele faz tudo por amor. E mesmo quando mais nos aflige, mais Ele nos ama. São João Crisóstomo considera mais bem-aventurado São Paulo nos ferros do que São Paulo arrebatado ao terceiro céu. É por essa razão que os santos mártires se rejubilavam no meio dos tormentos e agradeciam ao Senhor, como a maior graça, porque lhes fazia sofrer por seu amor. E os outros santos que não encontraram tiranos para atormentá-los tornaram-se seus próprios carrascos pelas penitências que fizeram para satisfazer a Deus. Santo Agostinho diz que aquele que ama não sofre, ou, se sofre, ele ama seu sofrimento.

2. Afetos e orações. Ó Deus de minha alma, digo que vos amo, mas o que faço por vosso amor? Nada. É, pois,

um sinal de que não vos amo ou vos amo muito pouco. Enviai-me, meu Jesus, o Santo Espírito, para que me dê a força de sofrer por vosso amor e fazer alguma coisa por Vós antes de morrer. Ah! Meu bem-amado Redentor, não me deixeis morrer tão frio, tão ingrato, como o tenho sido até aqui. Dai-me coragem para amar o sofrer, eu que tantas vezes mereci o inferno por meus pecados.

Ó meu Deus, todo bondade e todo amor, Vós desejais habitar em minha alma, de onde tantas vezes vos expulsei; vinde, fazei em mim vossa morada, apoderai-se dela e tornai-a toda vossa. Eu vos amo, meu Senhor; e se eu vos amo, Vós estais comigo, como o assegura São João: "Aquele que permanece no amor permanece em Deus, e Deus nele". Visto que estais em mim, aumentai as chamas, fortificai as cadeias de vosso amor, a fim de que eu não deseje, não busque, que eu não ame outra coisa senão a Vós, e que assim ligado eu jamais me separe de vosso amor. Eu quero ser vosso, ó meu Jesus, e totalmente vosso.

Ó Maria, minha Rainha e minha Advogada, alcançai-me o amor e a perseverança.

Sétimo dia, quinta-feira

O amor torna a alma morada de Deus

1. O Espírito Santo é chamado de *Hóspede das almas*. É a grande promessa que Jesus Cristo fez àquele que o ama,

quando disse: "Se me amardes, eu rezarei ao Pai, e Ele vos enviará o Espírito Santo, para que sempre habite em vós", porque o Espírito Santo jamais abandona uma alma, a não ser que seja expulso. Deus habita, pois, na alma que o ama; mas Ele afirma que não está satisfeito se nós não o amamos de todo o nosso coração.

Santo Agostinho narra que o senado romano se recusou a admitir Jesus Cristo no número dos deuses, dizendo que Ele é um Deus soberbo que quer ser adorado sozinho. E isto é verdadeiro: Ele não aceita rivais em um coração que o ama; Ele quer morar nele sozinho e ser o único amado; e quando não o possui por inteiro, traz, por assim dizer, inveja – segundo o que escreveu São Tiago – a suas criaturas que o têm em parte em seu coração, mas que Ele quer totalmente para si: *Pensai vós que a Escritura disse em vão: O Espírito que habita em vós vos ama com um amor de ciúme?* Em uma palavra, como disse São Jerônimo: "Jesus é ciumento". É porque o esposo celeste louva a alma que, semelhante à rola, vive na solidão e escondida ao mundo: *Vossas faces têm a beleza da rola*, porque Ele não quer que o mundo tenha alguma parte nesse amor, que Ele deseja todo inteiro para si mesmo. Pela mesma razão, Ele também louva sua esposa chamando-a de *um jardim fechado*, isto é, fechado a todo amor terrestre. De fato, Jesus não merece todo o nosso amor? "Ele vos deu tudo, não guardou nada para si", diz São Crisóstomo, porque Ele nos tem dado tudo, seu sangue e sua vida, de sorte que não lhe resta mais nada a doar.

2. Afetos e orações. Ah! Meu Deus! Bem vejo que quereis que eu seja todo vosso. Tantas vezes vos expulsei de minha alma, e Vós não recusastes de voltar a entrar e de vos unir a mim. Ah! Tomai agora posse de todo o meu ser; dou-me hoje totalmente a Vós; aceitai-me, meu Jesus, e não permitais que no futuro eu viva um só instante sem o vosso amor. Vós me procurais; e eu não busco senão a Vós, que quereis minha alma, e minha alma não quer senão a Vós; Vós me amais e eu vos amo; e visto que Vós me amais, ligai-me a Vós de tal forma que eu jamais me separe de Vós.

Ó Rainha do céu, eu me entrego a vós.

Oitavo dia, sexta-feira

O amor é um vínculo que une

1. Assim como o Santo Espírito, o amor incriado é o vínculo indissolúvel que une o Pai ao Verbo eterno, assim também une a alma a Deus. Santo Agostinho diz: "A caridade é uma virtude que nos une a Deus". Daí São Lourenço Justiniano clamar, cheio de alegria: "Ó amor, Tu és um vínculo tão forte que tens constrangido um Deus a se unir a nossas almas!" Os vínculos do mundo são vínculos de morte, mas os vínculos de Deus são vínculos de vida e de salvação: *Seus vínculos são vínculos de salvação*. Sim, porque esses vínculos, através do amor, nos unem a Deus, nossa única e verdadeira vida.

Antes da vinda de Jesus Cristo os homens fugiam para longe de Deus, e atados à terra eles se recusavam a se unirem a seu Criador; mas nosso amante Senhor lhes atraiu por vínculos de amor, conforme o que prometeu pelo Profeta Oseias: "Eu os atrairei pelos atrativos que conquistam os homens, pelos atrativos da caridade". Esses vínculos são os benefícios, as luzes, os apelos ao seu amor, as promessas do paraíso, mas principalmente é o dom que Ele nos tem feito de Jesus Cristo, no sacrifício da cruz e no Sacramento do Altar, e, por fim, o dom do Santo Espírito. A esse respeito o profeta brada: "Rompei as cadeias de vosso pescoço, cativa filha de Sião".

Ó alma que és criada para o céu, liberta-te dos vínculos da terra e une-te intimamente a Deus pelo vínculo do santo amor. "Revesti-vos da caridade, que é o vínculo da perfeição". O amor, diz São Paulo, é um vínculo que reúne todas as virtudes e torna a alma perfeita. "Ama a Deus, e faze o que tu queres", diz Santo Agostinho. Sim, porque aquele que ama a Deus tem o cuidado de evitar tudo o que desagrada ao Bem-amado, e busca em tudo lhe agradar.

2. Afetos e orações. Meu querido Jesus, Vós me tendes obrigado a vos amar, muito vos custou para obter o meu amor; serei muito ingrato se vos amar pouco, ou se eu compartilhar meu coração entre Vós e as criaturas, depois de ter-me dado vosso sangue e vossa vida. Eu quero me des-

ligar de tudo e depositar somente em Vós todas as minhas afeições; mas sou fraco para realizar esse desejo; Vós que o dais a mim, concedei-me a força de o executar. Feri, ó meu amado Jesus, meu pobre coração pela doce marca de vosso amor, a fim de que eu sempre desfaleça no desejo de vos ver e me consuma de amor por Vós. Que eu sempre vos busque, sempre vos deseje e sempre vos encontre. Meu Jesus, quero somente a Vós, e nada mais. Fazei que eu repita sem cessar durante a minha vida e particularmente na hora de minha morte: "Quero somente a Vós, e nada mais".

Ó Maria, minha Mãe, fazei que doravante eu não queira outra coisa senão Deus.

Nono dia, sábado

O amor é um tesouro que encerra todos os bens

1. O amor é o tesouro do qual nos fala o Evangelho, e que se deve adquirir deixando tudo; sim, porque o amor, diz a Sabedoria, torna participante da amizade de Deus: "Ela é um tesouro infinito, e aqueles que a adquirem, tornam-se amigos de Deus". "Ó homem [exclama Santo Agostinho], por que buscar bens? Busque um só bem em que estão todos os bens." Mas nós não podemos encontrar esse Deus sem renunciar aos bens da terra. Santa Teresa diz: "Desprende teu coração das criaturas, e tu encontrarás

Deus". Quem encontra Deus alcança tudo o que deseja: "Depositai vossos deleites no Senhor, e Ele vos concederá o que vosso coração pede". O coração do homem busca sem cessar os bens que podem torná-lo feliz; se ele os busca perto das criaturas, quaisquer que sejam os bens que possa receber, jamais estará satisfeito; mas se ele só quer Deus, Ele realizará todos os seus desejos. Quem são os mais felizes sobre a terra senão os santos? E por quê? Porque eles não querem nem buscam senão a Deus.

Indo certo príncipe para a caça viu um solitário que percorria o bosque. Ele lhe perguntou o que buscava naquela solidão? O solitário lhe respondeu: – E vós príncipe, que buscais? – Eu vou para a caça de animais selvagens – disse o príncipe. – E eu – respondeu o eremita – vou à caça de Deus.

Um tirano apresentou a São Clemente ouro e pedras preciosas para que ele renunciasse a Jesus Cristo. O santo bradou, suspirando: "Ai! Um Deus comparado a um pouco de lama!" Bem-aventurado quem sabe distinguir esse tesouro do Divino Amor e quem busca obtê-lo! Aquele que o obtém se despoja voluntariamente de tudo para possuir somente a Deus.

"Quando uma casa está em fogo [disse São Francisco de Sales] lança-se todos os móveis pela janela." E o Padre Paul Ségneri o Jovem, grande servidor de Deus, tinha o costume de dizer que o amor é um ladrão que nos despoja a tal ponto das afeições terrestres, que ele nos faz dizer: "O que desejarei, Senhor, senão a Vós!"

2. Afetos e orações. Meu Deus, no passado não foi Vós que eu busquei, mas a mim mesmo e a minhas satisfações, e para procurá-las eu vos abandonei, meu soberano bem. Contudo o que Jeremias diz me consola: "O Senhor é bom para a alma que o busca". Ele me assegura que Vós não sois senão bondade para aquele que vos busca. Meu amado Senhor, eu conheço o mal que tenho feito em vos deixar; eu me arrependo de todo o meu coração; eu reconheço o bem infinito que sois; eu não quero abusar desta luz; eu abandono tudo e vos escolho por meu único amor. Meu Deus, meu Amor, meu Tudo! Eu vos amo, eu vos desejo e suspiro por Vós. Ah! Espírito Santo, vinde, e através de vosso fogo divino, consumi em mim toda afeição que não seja para Vós. Fazei que eu seja todo para Vós e que supere tudo para vos agradar.

Ó Maria, minha Advogada e minha Mãe, ajudai-me com vossas orações.

Santo Afonso M. Ligório

Oração final

Oh! meu Deus, Trindade que adoro, ajudai-me a esquecer-me inteiramente de mim mesma, para fixar-me em Vós, imóvel e pacífica, como se minha alma já estivesse na eternidade; que nada possa perturbar-me a paz, nem me fazer sair de Vós, ó meu Imutável, mas que cada instante me leve mais avante na profundidade de vosso Mistério!

Pacificai minha alma; fazei dela o vosso céu, vossa morada querida, o lugar de vosso repouso; que jamais aí eu vos deixe; mas esteja toda inteira, totalmente despertada em minha fé, em adoração e completamente entregue à vossa ação criadora.

Oh! Cristo meu amado, crucificado por amor, quisera ser uma esposa para vosso coração; quisera cobrir-vos de glória, amar-vos... Até morrer de amor. Sinto, porém, a minha fraqueza e peço-vos, revesti-me de Vós mesmo, identificar a minha alma com todos os movimentos da vossa, submergir-me, invadir-me, substituir-vos a mim, para que minha vida seja uma verdadeira irradiação da vossa. Vinde a mim como Adorador, como Reparador, como Salvador.

Oh! Verbo Eterno, Palavra de meu Deus, quero passar minha vida a ouvir-vos; quero ser duma docilidade absoluta para tudo aprender de Vós; e, depois, através de todas as trevas, todos os vácuos, todas as fraquezas, quero fitar-vos sempre e ficar sob a vossa grande Luz. Oh! Meu Astro amado, fascinai-me para que não me seja mais possível sair de vosso radioso clarão.

Oh! Fogo consumidor, Espírito de amor, vinde a mim, para que se opere em minha alma como que uma Encarnação do Verbo; que eu seja para Ele um acréscimo de humanidade, na qual renove todo o seu mistério; e vós, ó Pai, inclinai-vos bondosamente sobre vossa pobre criatura, só considerando nela o Muito Amado, no qual pusestes todas as vossas complacências.

Oh! minhas "Três", meu tudo, minha beatitude, Solidão Infinita, Imensidade onde me perco, entrego-me a Vós como uma presa, sepultai-vos em mim, para que eu me sepulte em vós, enquanto espero ir contemplar em vossa luz o abismo de vossas grandezas.

Santa Elisabete da Trindade († 09/11/1906)

O Espírito e a Esposa dizem: *Vem!*

Possa aquele que ouve dizer também: *Vem!*

Aquele que tem sede, venha! E que o homem de boa vontade receba, gratuitamente, da água da vida!"

(Ap 22,17).

Índice

Sumário, 5
Apresentação, 7
Algumas palavras..., 9
Como nos apossamos hoje do acontecimento pascal?, 11
Siglas utilizadas no livro, 15

1 A Virgem, sacrário do Espírito, 17
   Enviaste o Filho de Deus ao mundo para evangelizar os pobres!, 17
   Comunhão espiritual, 18
   Eu me dirijo a Vós, ó manancial de vida!, 18
   Virgem, Mãe dos discípulos de Cristo, 19

2 Antífonas, responsos e monições, 21
   Jaculatória ao Espírito Santo, 21

3 Atendei a nossa oração, 22
   Perseveremos vigilantes na oração!, 22
   Fazei-me dócil às vossas inspirações, 22
   Súplica do religioso para rezar devotamente, 23
   Incendiai, inflamai, penetrai, consumi..., 24
   Quando será?, 24
   Não me abandones..., 25

Não nos abandones..., 25
Que te darei em troca?, 25
Abrasai as nossas vontades..., 26
Conforme a vontade de Deus!, 26
E teu Espírito vem ao nosso interior..., 27

4 Ato de contrição, 28
Ato de contrição à noite, 28
Pequei contra o céu e contra ti, 29
Liberta-nos da tentação, 30
Dispensador generoso das graças, 30
Guardai-me, Senhor..., 32
Ação de graças após a confissão, 32
Eu vos peço dessa água..., 33
Oração antes da confissão ou exame de consciência, 34

5 Celebramos a tua vinda santa, 35
Celebramos a tua vinda santa, 35
Espírito incriado e consubstancial, 36
Ó Espírito Santo, cálice derramado, 38
E eles falaram em várias línguas, 39
Vinde, Espírito Sagrado, 40
Lira ao Espírito Santo, 41

6 Creio, Senhor!, 44
Espírito da verdade, salva-nos!, 44
Bendito seja!, 44
Incendeia-me!, 45
Ó Espírito Santo, 45

Profissão de fé no Espírito Santo, 46
Jaculatória trinitária, 47
Exorcismo, 47
7 Consagração e oferta, 48
Fazei-me ouvir vossa doce voz, 48
Tu me escolheste do mundo..., 48
Oração do mendigo, 49
Sol de minh'alma, 50
Consagração comunitária, 51
Consagração – outra, 52
Sequência medieval, 52
8 Eu te adoro Jesus hóstia!, 54
Oração pelo povo antes da comunhão, 54
Iluminai o meu coração, 54
Comunhão espiritual, 55
Comunhão espiritual – outra, 55
9 Eu vos amo, Amor!, 56
Criai em mim um coração novo!, 56
Vinde, ó Deus amor!, 57
Levai-me ao meu amado..., 57
Vem ao meu coração!, 58
Viver de amor!, 58
10 Igreja e missão, 60
Ação de graças pela Igreja, 60
Oração pela unidade na Igreja, 61

Recorda-te!, 61
Dai-nos vosso Espírito, ó Jesus!, 62
Invocação comunitária do Espírito Santo, 63
Oração pelos evangelizadores, 65
Sede Vós o vínculo..., 65
Concedei aos governantes a caridade, 66
Espírito que pairas sobre as águas..., 66
Famílias do amanhã!, 67

11 Invocação para reuniões importantes, 69
Reunidos em vosso nome, 69

12 Louvor a ti!, 71
Nós te glorificamos, 71
Luz de nossas almas, 72
Deus único em Trindade, 72
Vem, Consolador benfazejo!, 73
Fogo sagrado, 74
Súplica, 75
Sequência do Espírito Santo, 75
Hino ao Espírito Santo, 77
Graças por aquele que se encarnou!, 78
Tu és o Dom que sacia!, 78
Ó fogo bem-aventurado!, 79
Quem poderá vos conhecer?, 79
Sois o Espírito Divino..., 81

Eu te adoro, ó Fogo incriado e eterno!, 82
Por ti..., 82

13 O divino Hóspede, 84
Hóspede tão amável de minh'alma, 84
Mesmo o meu corpo é teu templo, 85
Derrama teu amor!, 86
Adoração e súplica amorosa, 86
Rei celeste, 87
Permanece conosco, 88
Invocação ardente, 88
Santificai-me, 90
Estabelece em mim a tua morada!, 90
Abbá, Pai!, 92
Vinde a mim, 93
Vem a mim com tuas copiosas bênçãos, 94
Deus em ti mesmo e dom para nós..., 95

14 Oração da manhã, 96
Oração da manhã, 96
Oração para bem rezar, 96
Rezo ao despertar!, 96

15 Os puros de coração, 99
Vem a nós, 99
Espírito Santo, inspirai-nos!, 100

16 Que descansem dos seus trabalhos, 101
Tem piedade dos adormecidos!, 101
Oração sacerdotal pelos falecidos, 101

17 Renova-me!, 102
   Renascer..., 102
   Escuta aquele que te chama e vem!, 103
18 Revela-me tua Palavra, 104
   Oração antes da leitura bíblica na liturgia, 104
   Oração antes de ler o Evangelho, 104
   Quando eu explicar a tua Palavra..., 104
   Manda o Espírito sobre a terra!, 107
   Concede-me..., 108
   Ilumina os crentes com a Palavra!, 109
   Oração antes de leitura bíblica, 109
   Tu que vieste uma vez..., 110
19 Sede santos, 111
   Ó Espírito Santo, amigo dos sacerdotes!, 111
20 Súplica pelos dons, frutos e carismas, 112
   Derrama sobre nós os teus carismas, 112
   Sequência de Pentecostes – 1, 113
   Sequência de Pentecostes – 2, 114
   Epiclese de crisma, 116
   Conserva em nós o dom do temor, 118
   Oração pedindo o dom da piedade, 119
   Oração pedindo o dom da ciência, 119
   Oração pedindo o dom da fortaleza, 120
   Oração pedindo o dom do conselho, 121
   Súplica pelos sete dons do Espírito Santo, 122

Súplica pelos doze frutos do Espírito Santo, 124
Súplica pelos dons e frutos do Espírito Santo, 125
21 Ladainha completa ao Espírito Santo, 129
22 Ofício breve ao Espírito Santo, 136
Ofício das leituras (*Matutinum*), 136
Laudes (*Prima*),137
Oração das nove horas (*Tertia*), 139
Oração das doze horas (*Sexta*), 140
Oração das quinze horas (*Noa*), 141
Oração das dezoito horas (*Vésperas*), 142
Oração da noite (*Completas*), 144
23 Ofício da oitava de Pentecostes, 146
Domingo, 146
   I *Vésperas*, 146
   Laudes, 149
   II Vésperas, 151
Segunda-feira, 152
   Laudes, 152
   Vésperas, 154
Terça-feira, 155
   Laudes, 155
   Vésperas, 156
Quarta-feira, 157
   Laudes, 157
   Vésperas, 158

Quinta-feira, 159
  Laudes, 159
  Vésperas, 161
Sexta-feira, 162
  Laudes, 162
  Vésperas, 163
Sábado, 164
  Laudes, 164

24 Septena pedindo os sete dons do Espírito Santo, 166
  Orações iniciais, 166
  Oração final para todos os dias, 167
  Primeiro dia – Dom do santo temor, 168
  Segundo dia – Dom da piedade, 169
  Terceiro dia – Dom da ciência, 169
  Quarto dia – Dom da fortaleza, 170
  Quinto dia – Dom do conselho, 171
  Sexto dia – Dom do entendimento, 171
  Sétimo dia – Dom da sabedoria, 172

25 Novena ao Divino Espírito Santo, 173
  Primeiro dia, sexta-feira – O amor é um fogo que abrasa, 174
  Segundo dia, sábado – O amor é uma luz que esclarece, 176
  Terceiro dia, domingo – O amor é uma água que apaga a sede, 177
  Quarto dia, segunda-feira – O amor é um orvalho que fecunda, 180

Quinto dia, terça-feira – O amor é um repouso que alivia, 181

Sexto dia, quarta-feira – O amor é forte como a morte, 183

Sétimo dia, quinta-feira – O amor torna a alma a morada de Deus, 184

Oitavo dia, sexta-feira – O amor é um vínculo que une, 186

Nono dia, sábado – O amor é um tesouro que encerra todos os bens, 188

Oração final, 191

MEU LIVRO DE ORAÇÕES

Anselm Grün

Autor reconhecido mundialmente por suas obras sobre espiritualidade e autoconhecimento, Anselm Grün traz nessa nova obra uma seleção de orações que são oriundas da tradição beneditina e outras que são próximas do espírito beneditino. O autor escreveu também orações inspiradas na experiência das instituições monásticas. Para os monges, oração significa: oferecer a Deus sua vida inteira, sua verdade mais íntima, para que o Espírito de Deus possa permear tudo em nós, e nos transformar.

Segundo Grün: "Na oração ofereço a Deus os meus sentimentos, as minhas afeições, os meus medos, para que, através deles, eu possa sentir Deus como o fundo mais recôndito da minha alma e onde encontro tranquilidade. Bento significa: 'o abençoado'. Orar, para São Bento, significa também colocar tudo sob a bênção de Deus: a mim mesmo, as pessoas e a realidade deste mundo, para que possamos vivenciar que tudo pode vir a ser uma bênção para nós e que nós mesmos somos uma bênção para as pessoas. O objetivo de orar, pedir, louvar e abençoar é 'que Deus seja glorificado em tudo'".

Anselm Grün é autor reconhecido no mundo inteiro por seus inúmeros livros publicados em mais de 28 línguas. O monge beneditino, da Abadia de Münsterschwarzach (Alemanha), une a capacidade ímpar de falar de coisas profundas com simplicidade e expressar com palavras aquilo que as pessoas experimentam em seu coração. Procurado como palestrante e conselheiro na Alemanha e no estrangeiro, tornou-se ícone da espiritualidade e mestre do autoconhecimento em nossos dias. Tem dezenas de obras publicadas no Brasil.

CULTURAL

Administração – Antropologia – Biografias
Comunicação – Dinâmicas e Jogos
Ecologia e Meio Ambiente – Educação e Pedagogia
Filosofia – História – Letras e Literatura
Obras de referência – Política – Psicologia
Saúde e Nutrição – Serviço Social e Trabalho
Sociologia

CATEQUÉTICO PASTORAL

Catequese – Pastoral
Ensino religioso

REVISTAS

Concilium – Estudos Bíblicos
Grande Sinal
REB – SEDOC

TEOLÓGICO ESPIRITUAL

Biografias – Devocionários – Espiritualidade e Mística
Espiritualidade Mariana – Franciscanismo
Autoconhecimento – Liturgia – Obras de referência
Sagrada Escritura e Livros Apócrifos – Teologia

PRODUTOS SAZONAIS

Folhinha do Sagrado Coração de Jesus
Calendário de mesa do Sagrado Coração de Jesus
Agenda do Sagrado Coração de Jesus
Almanaque Santo Antônio – Agendinha
Diário Vozes – Meditações para o dia a dia
Encontro diário com Deus – Guia Litúrgico

VOZES NOBILIS

Uma linha editorial especial, com importantes autores, alto valor agregado e qualidade superior.

VOZES DE BOLSO

Obras clássicas de Ciências Humanas em formato de bolso.

CADASTRE-SE
www.vozes.com.br

EDITORA VOZES LTDA.
Rua Frei Luís, 100 – Centro – Cep 25689-900 – Petrópolis, RJ
Tel.: (24) 2233-9000 – Fax: (24) 2231-4676 – E-mail: vendas@vozes.com.br

UNIDADES NO BRASIL: Belo Horizonte, MG – Brasília, DF – Campinas, SP – Cuiabá, MT
Curitiba, PR – Fortaleza, CE – Goiânia, GO – Juiz de Fora, MG
Manaus, AM – Petrópolis, RJ – Porto Alegre, RS – Recife, PE – Rio de Janeiro, RJ
Salvador, BA – São Paulo, SP